U0100370

大展好書　好書大展
品嘗好書　冠群可期

大展好書　好書大展
品嘗好書　冠群可期

名師出高徒④

邱丕相　編著

棍術、槍術入門與精進

大展出版社有限公司

出版説明

誰都願意將自己的孩子送進好的學校，爲什麼?因爲好學校教學水平高。教學水平高主要依賴於有一流的高水平的教師。教師水平高就能教出出類拔萃的學生，這正是「名師出高徒」。

學武術也如此，富有經驗的名師教學，會使初學者少走彎路，入門迅速，一入門即可爲提升打下紮實的基礎。

爲滿足初學武術的廣大青少年和武術愛好者的要求，我社特約我國武術名家編寫了這套叢書。本套叢書作者均是長期從事武術教學，在國內外享有盛名的專家，他們有著極豐富的教學經驗，既能把那些對武術一竅不通的「老外」教得像模像樣，也能指導武術高手再精進。

本套叢書屬於普及性讀物，重點介紹了武術基本技術要領、動作要求、練習方法、易犯錯誤及其糾正方法，而且簡明扼要地說明了動作的技擊含義，易學、易懂、易練、易用。

近年來中國武術協會爲更廣泛開展武術運動，在國內推行了武術段位等級制。本書在介紹了最基本的動作之後，編入了最基本的入段套路詳解。每個武術愛好者只要跟著本書步驟自修，都可達到武術初級段

位（一、二、三段）水平。

　　本社曾出版過《武術基礎練習叢書》一書，深受廣大武術愛好者喜愛，多次再版仍未能滿足需要。根據近年來我國武術發展的形勢，本套叢書是在原《武術基礎練習叢書》的基礎上新編而成。這套叢書包括以下幾冊：

　　《武術基本功和基本動作》——名師出高徒(一)

　　《長拳入門與精進》——名師出高徒(二)

　　《劍術、刀術入門與精進》——名師出高徒(三)

　　《棍術、槍術入門與精進》——名師出高徒(四)

　　《南拳入門與精進》——名師出高徒(五)

　　《散手入門與精進》——名師出高徒(六)

　　《太極拳入門與精進》——名師出高徒(七)

　　《太極推手入門與精進》——名師出高徒(八)

　　本書以簡明扼要的文字、生動的插圖介紹了基本棍法、基本槍法及其練習方法。在掌握了基本方法後，可按書中介紹的基本棍法、槍法組合小套路練習。當熟練了基本組合動作之後，猶如水到渠成，讀者即可很快地學會棍術、槍術最基礎的套路——武術段位制的三段棍術、三段槍術。

目　錄

下篇　槍術入門與精進

上 篇

第一章

棍術基本知識

棍術，是武術中最常見的一種長器械，也是目前國內外武術比賽的主要項目之一。長期以來，由於棍術器材採集比較方便，又無利刃，方法明快，成為人們健身、防身的良好手段，在民間十分普及，深為廣大青少年所喜愛。

一、棍術沿革

棍，是最早的兵器之一。早在原始時代人們便利用樹枝製成的棍棒進行防禦自衛和獵取食物，但它仍屬於人的本能活動和生產活動，還談不上棍術。

後來，在古代戰爭中，棍成為兵器之一。由於戰鬥的需要，比現在的棍要長得多，約有3公尺多長。在戰爭中，人們總結積累了棍的攻防方法。

當棍一旦從戰爭中的兵器植根到民間，人們用以防身、健身，便出現了更為豐富的棍法，逐漸確立了棍術。

歷史上曾經有「十三棍僧救唐王」的故事，說明民間的棍術也已在寺廟中傳習。比較明確的記載，在宋代都市中出

現的練武賣藝人，打的套路中就有「弄棒」、「使棍」，而有了以研習棍棒為主的民間結社——「英略社」。

到了明代，拳家林立，棍術發展到一個很高的水平，有許多不同的棍術流派，並有了棍術的圖譜記載和論著，著名的少林棍、青田棍等流傳至今。

進入現代，武術作為體育運動項目之一，在繼承傳統的基礎上匯總統一了棍術內容和技術規範，編製了比賽的棍術套路，或按照規則將棍法編成自選套路。此外，有一些傳統的棍術仍在民間傳播。

1987 年的亞洲武術錦標賽和 1990 年北京第十一屆亞運會，棍術均被列為武術比賽項目之一，已逐步在國際上展開了推廣和交流。

二、棍術種類與規格

棍械一般分為長棍和短棍。長棍即指一般棍術比賽中的長度，最短須等於本人身高，一般略比身高，直臂上舉可達前臂中部或腕部。比長棍更長些的叫「杆子」，西北一帶有較為細長的，叫「條子」；比長棍短的叫「棒」。齊眉棍、南棍較短。一般不稱其為棒；更短的只相當於胸高，短棍在西北一帶稱為「鞭杆」。

由於棍的長度不同，方法也不盡相同。這裡主要介紹的是普通長棍。此外，還有屬軟兵器類的「三節棍」、「二節棍」、「梢子棍」等。

棍的部位可分為棍梢、棍把、棍身（圖 1）。

棍梢：指棍的細小一端，自梢端起約 10～15 公分。

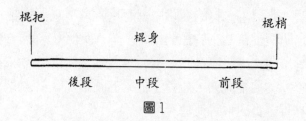

圖1

棍把：指棍的粗大一端，自把端起約 15～20 公分。

棍身：指棍梢與棍把之間的部分。通常分為後段、中段、前段，以便於說明握棍的部位和棍法的著力點。

比賽中對棍的粗細也有嚴格的規定。

組　　別	棍中線以下（公分）	棍中線以上（公分）
成年男子	2.30	1.80
成年女子	2.15	1.60
少年男子	2.15	1.60
少年女子	2.00	1.40
兒　　童	不受限制	

三、棍術握棍的基本方法

棍的握法通常以雙手握在棍身後段，虎口均朝棍梢一端，為「正握」（以下均以此簡稱）。一般的棍法因棍械長而力猛，大都須五指滿把緊握（圖2），如劈棍、掄棍、掃棍，採用此種握法。

有時棍法要求腕部靈活運轉，除虎口處的拇指與食指握棍，其餘三指鬆開，稱為「鉗把握棍」（圖3A），如雙手

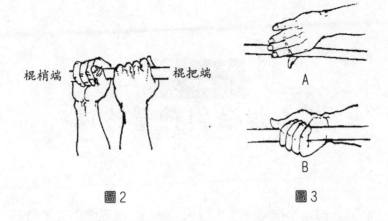

棍梢端　　　　　　棍把端

A

B

圖2　　　　　　　　圖3

立舞花、雲撥棍等時採用。手臂伸直時，難以滿把，為螺把（圖3B）。

有時為了變換棍法和棍的著力點，握把時五指成管狀鬆緊，以便順棍身滑動，稱為「滑把」。

兩手握棍時使棍法變換，前後位置和虎口方向也常有變化，稱為「換把」。

從握把的方向上也有變化，虎口朝向棍擊打的一端為「陽手握法」；虎口背向棍擊打的一端為「陰手握法」。有時兩手虎口相對，為「對手握法」（圖4）；有時兩臂交叉相疊，為「交叉握法」（圖5）。

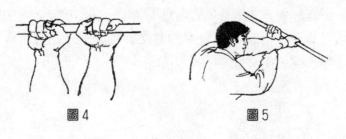

圖4　　　　　　　　圖5

第二章
基本棍法與練習方法

　　基本棍法是棍術技術的核心，是棍的技擊運用方法和運動方法。棍法與步型、步法、手型、手法、腿法、跳躍、平衡等身體動作，構成了棍術動作。棍術動作的有機組合與連接，便構成了生動活潑、變化萬千的棍術套路。為此，掌握棍法是入門的重要一步。

　　棍法中主要有攻擊性方法、防禦性方法和過渡性方法。

　　攻擊性方法主要有：劈、摔、掄、掃、撩等遠擊方法，擊、點、崩、戳、挑、蓋等近擊方法。

　　防禦性方法主要有：雲、撥、格、掛、架、推、絞、舞、花等。

　　攻擊和防禦有時也很難截然分開，有的棍法攻中帶防，有的防中有攻，常常隨動作而變化。

　　還有一些方法本身攻防用意不明顯，在由攻變防、由防而攻的變化中，起不可缺少的連接過渡作用，如抱、背、夾、舉、穿、托、拋、拄等方法。

一、劈　棍

棍法含義：屬主要遠距離攻擊方法，主要劈擊對方頭、肩等部位，也可劈擊前臂以擊落對方手中器械。劈棍主要有半圓劈棍、掄圓劈棍和斜劈棍。

【動作】

1.兩腳併步站立，兩手滿把正握，右手握於棍身中後段，左手握於棍把處，將棍直舉於體右側，目視左前方（圖6）。

2.左腳向右跨出一大步，身體左轉90°，同時兩手用力將棍由上向前、向下直劈，力達棍身前段和棍梢（圖7）。

【要點】

下劈要快速有力，但不可僵硬，右手可伴同下劈微向下滑把，使兩臂微屈；上下須配合協調，步略先於棍到位。

圖6　　　　　　　　　　圖7

【練習】

1.按上述動作要求，單個動作重複練習。

2.兩手換把（左手在上），上右腳劈棍；配合上步在行進間交替左右劈棍。

3.左上步劈棍後，右腳上步時使棍梢經體右側向下、向後、向上，再上左步劈棍，即為「掄圓劈棍」；可連續行進劈棍。

4.由右向左下斜劈，即為「斜劈棍」。練法同1、2。

【易犯錯誤】

1.聳肩、直臂，動作僵硬。

2.下劈無力。

【糾正方法】

1.開始練習不用全力，注意肩、臂動作，逐漸加力。

2.下劈時注意動作加速，把要握緊。

二、摔　棍

棍法含義：屬遠距離攻擊方法，主要劈擊對方頭部、肩部以及前臂。當劈擊落空時即順勢劈下，伴同身體全蹲仆地，轉攻為守，躲閃對方橫擊。

【動作】

1.兩腳直立，兩手滿把正握於棍身後段，右手握於棍把處，舉棍於頭後上方（圖8）。

2.左腳向正前方上步，右腿屈膝全蹲，左腿平輔地面，成左仆步，同時兩手握棍用力使棍由上向前、向下直劈，摔擊於地面，目視棍身前端（圖9）。

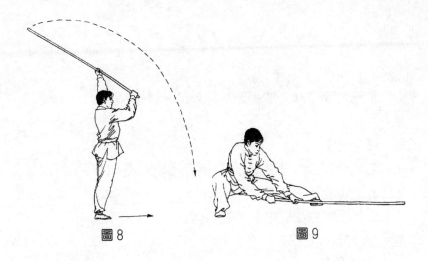

圖8　　　　　　　　　　　圖9

【要點】

與劈棍基本相同，摔擊地面時左手鬆握，以掌心按壓棍身；摔擊地面時棍身要平擊地面；下蹲與摔棍要協同。

【練習】

1.可以先練習兩腿原地全蹲，同時摔棍。

2.兩手把位交換，右手在上，上右步成右仆步摔棍。左右可交替進行。

3.原地蹬地而起，回身右轉 180°，成左右連續劈摔棍。

【易犯錯誤】

1.棍身前段先著地。

2.棍落地方向與仆步方向不一致。

【糾正方法】

1.先練習輕摔，強調平落。

2.落棍時注意正直，動作結束及時檢查，是否靠近前腳尖處。

三、掄 棍

棍法含義：屬主要遠距離進攻法。以橫擊對方肋部、腰部為主。

【動作】

1.兩手緊靠，滿把正握於棍身後段，將棍平背於右肩上，重心偏右腳，成右弓步（圖10）。

2.兩手用力使棍由右經體前向左平掄，背棍於左肩，成左弓步（圖11、12）。

【練習】

圖10

圖11

圖12

1.兩腳開立，原地自右肩至左肩來回平掄。

2.結合左右弓步的變化，左右平掄。

【要點】

留把長度適宜，掄棍要平，力達棍身前端；配合腰腿力量，呼呼生風；平掄時兩手注意旋腕。

【易犯錯誤】

1.留把太少，平掄無力；或留把太多，棍把觸碰胸部。

2.旋腕時機不對。

【糾正方法】

1.掄棍前檢查握把位置，輕輕來回試掄一次，確定握棍部位。

2.先做慢動作，注意腕的旋翻，逐步加速加力。

四、掄雲棍

棍法含義：掄為攻，雲為防，攻中有防，便於連續進攻。

【動作】

1.同掄棍（圖13）。

圖13

圖14　　　　　　　　　圖15

圖16

　2. 平掄至左前方後，動作不停，棍身繼續經頭上繞圓運動（圖14、15）。

　3. 動作不停，棍由體右側繼續向左平掄，平背於左肩上（圖16）。

【要點】

平掄與雲棍要連貫，要能掄出二次平掄的聲響。

【練習】

　1. 按動作要求，左右反覆進行。

　2. 在雲棍時結合轉身跳進行，左右反覆，呈棍打一片（此為重要的基本練習，宜多練習）。

【易犯錯誤】

1.掄、雲不夠連貫。

2.轉身時機不對，掄棍與轉體配合不協調。

【糾正方法】

1.先原地進行，將棍的運行路線弄清楚。

2.注意先掄再跨步轉身。

五、單手掄雲棍

動作含義：同四「掄雲棍」，但以防為主。棍術中常用的一個動作。

【動作】

1.雙手滿把正握棍身後段，平背於左肩，左弓步（圖17）。

2.兩手用力由左向右平掄，左手鬆開（圖18）。

3.上動不停，右手順勢旋腕，仰身使棍在頭上平繞一周（圖19）。

4.右手繼續旋腕，將棍斜背於背後，成右弓步，左掌向

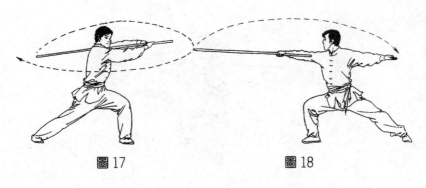

圖17   圖18

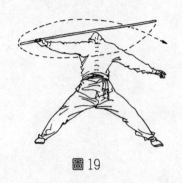

圖19

圖20

前推手，目視左前方（圖20）。

【要點】

由平掄到雲棍、背棍，須一氣呵成。動作要乾淨俐落。

【練習】

1.先輕輕掄棍，著重掌握正握和背棍。

2.仰身雲棍一時難掌握，可先做側身雲棍（圖21～25A、B）。

3.做單手掄雲棍完整動作，反覆練習。

【易犯錯誤】

1.動作不連貫完整。

2.雲棍太高。

圖21

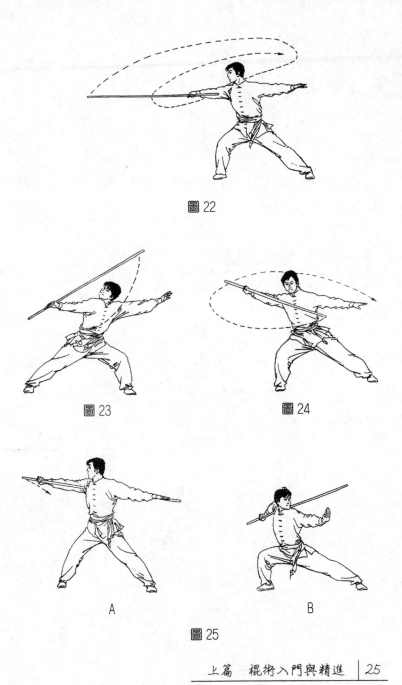

圖 22

圖 23

圖 24

A

B

圖 25

【糾正方法】

1.動作由慢而快。

2.雲棍盡量降低，順勢而連。

六、掃　棍

棍法含義：屬遠距離攻擊法。主要是橫擊腰部以下的腿部、踝部。

【動作】

1.預備姿勢同掄棍，成左弓步平背棍（圖26）。

2.兩手用力使棍由左向右下方平掃（圖27）。

圖 26

圖 27

圖 28

【要點】

向下平掃時要配合腰力，快速有力，力達棍身前段，棍梢可觸及地面。

【練習】

1.先按動作1、2，左右反覆進行。

2.爾後可不經過肩背棍，直接左右下掃，反覆進行。

3.可伴隨下蹲轉體下掃3/4周或一周（圖28）。

4.結合雲掄棍，即雲掄一周，下掃一周，連續進行。連續向左，也可連續向右。

【易犯錯誤】

1.下掃過高。

2.下掃無力。

【糾正方法】

1.盡量注意棍梢觸地或貼近地面，掃棍要平。

2.注意配合轉腰發力。

七、撩　棍

棍法含義：屬遠距離攻擊法。主要由下向前擊打對方膝

部、襠部。

【動作】

1.兩手滿把正握直立，舉棍於體右上方，同劈棍動作（圖29）。

2.左腳向左前方邁出一步，成左弓步；同時兩手使棍由後向下，經體右側向前撩擊，力達棍身前段（圖30）。

【要點】

棍身須靠近體側，撩出時要有力，右手可微微隨撩出向後滑把。

【練習】

1.按動作1、2，單個動作練習。

2.直舉棍於體左上方（左手在上），出右步為左撩棍。

3.兩手換把交替左右撩棍，行進間進行（圖31、32）。

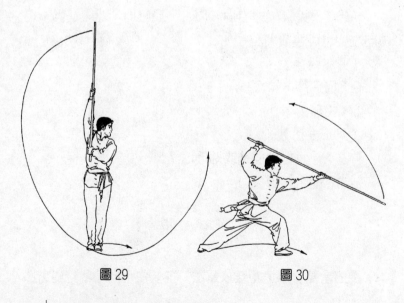

圖29   圖30

圖 31　　　　　　　　圖 32

【易犯錯誤】

撩出前棍梢碰地，或遠離體側。

【糾正方法】

左手注意屈肘將棍略高於地面，以免碰地。

八、點　棍

棍法含義：屬遠距離攻擊法。主要點擊對方腕部。棍術中常順勢點擊至地面。

【動作】

1.預備姿勢同劈棍動作 1（圖 33）。

2.左腳向左橫出一步，兩手握棍經體前上方向左側點擊至地面，右手滑把至左手處，同時左手倒把，力達棍梢（圖 34）。

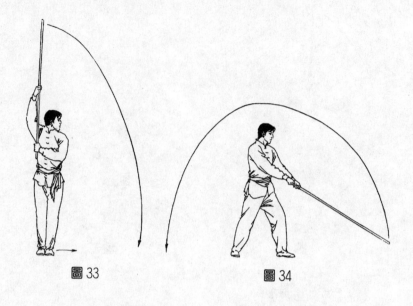

圖33　　　　　　　　　　　　圖34

　　3.左腳向右倒插一步，同時兩手握棍經體前向上、向右、向下點棍（圖35）。

　　4.左腳收回原位，右腳向左倒插一步，兩手握棍向體左側點棍（圖36）。

圖35　　　　　　　　　　　　圖36

【要點】

點棍要輕快敏捷，前手要適當滑把。

【練習】

1.直立左右側上舉棍，出左（右）腳向左（右）點棍，進行單動作練習。

2.配合左、右倒插步來回向左、右點棍，反覆進行。

3.熟練後，步法可以進退隨意，邊走邊打，左右兼施。

【易犯錯誤】

動作僵硬無力。

【糾正方法】

注意兩手合力，以前臂和手腕用力為主，用上臂和肩帶力量。下點時要加速。

九、崩　棍

棍法含義：屬有攻有防的方法。攻時由下向上崩擊對方手腕，防時可以崩擊在棍身上方的器械。

【動作】

1.預備姿勢可做仆步摔棍（圖37）。

2.身體起立，右手握棍，稍屈臂置於左胸前，使棍身斜向下（圖38）。

3.重心右移成右橫襠步，同時右手握棍把用力下按於腹前，左手滑把至棍身中段時突然握緊，兩手合力使棍身前段由下向上崩起，棍身顫動，目視棍梢（圖39）。

【要點】

開始宜適當放鬆，尤注意兩手最後動作的配合，用一種

圖 37

圖 38

圖 39

短促的力，有制動感。

【練習】

1.可先開步站立，棍身斜向下，體會崩棍用力方法。

2.按動作圖示完成崩棍。

3.結合點棍後做崩棍。

【易犯錯誤】

1.兩手用力不協調，或缺乏爆發力。

2.動作過大而鬆散無力。

【糾正方法】

1.兩手持棍於水平，著重體會兩手配合的短勁，注意由鬆而緊。

2.也可由另一人做向你胸前直戳的動作，以崩棍碰擊對方棍身。

十、戳　棍

棍法含義：屬短距離攻擊法。主要以棍把（棍梢也可以）直攻對方胸、腹、肋部。此法多在雙方接近時採用。

【動作】

1.預備姿勢可成併步站立，雙手握棍，右手握於近棍身後段，左手握於近棍身前段，將棍平持於胸前（圖40）。

2.右腳向右前方跨一步，成右弓步；同時兩手用力使棍向右前方直戳，力點達棍把端（圖41）。

【要點】

用力短促準確，直進直出；步到棍到。

【練習】

1.按動作圖示練習向右或向左戳棍。

2.向右戳棍後，即後轉身成左弓步，迅速向左戳棍，力

圖40　　　　　　　　　圖41

達棍梢；左右連續進行。

【易犯錯誤】

棍身遠離身體，棍戳出時左右搖晃，力點不準。

【糾正方法】

1.先做慢動作，注意棍的運行路線，然後逐漸加速。

2.也可假設一目標（畫一圓圈），將棍戳向圈內。

十一、挑 棍

棍法含義：屬近距離攻擊法。主要以棍把挑擊，下可挑襠，上可挑擊下頜。

【動作】

1.兩腳略呈前後開立，對手滿把握棍，棍身斜於右後方，棍把朝下（圖42A）。

2.左腳向前上一步成左弓步；同時兩手使棍把由後經體側向前、向上挑擊，力達棍把（圖42B）。

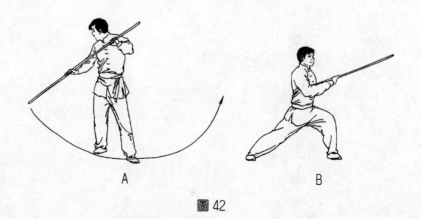

A   B

圖42

【要點】

注意兩手用合力，一上一下，快速有力；上挑時須前手略滑把後再滿把緊握，以增加攻擊長度。

【練習】

1.動作如圖示，左右皆可練習。

2.也可上右步右挑把，上左步左挑梢，連續進行。

3.也可上左步挑把，回身成右弓步挑把，連續進行。

4.高挑可用提膝挑把進行練習。

【易犯錯誤】

棍身遠離身體上挑，最後上挑力不夠。

【糾正方法】

1.先做慢動作，注意棍的運行。

2.上挑時加速用力。

十二、蓋　棍

棍法含義：屬近距離攻擊法。主要以棍把（有時也可用棍梢）擊打對方頭、肩、頸等部位；也可由上而下防守擊來器械。

【動作】

1.預備姿勢可與挑棍時相同；也可成倒插步，兩手對手握棍，右手於棍身中段，左手於棍身前段，棍斜於體右側，棍把朝下（圖43）。

2.左腳上一步成左弓步；同時兩手使棍把一端由後向上、向前、向下劈蓋（圖44）。

圖 43　　　　　　　　　　圖 44

【要點】

下蓋動作要快速有力，前手可略滑把以增加攻擊長度，力達棍身後段和棍把，可觸及地面。

【練習】

1.按動作圖示進行單個動作練習。

2.左、右兩側進行單個動作練習。

3.右蓋後，抽棍滑把於左側，以棍梢一端劈蓋，在行進間連續交替。

4.任意變換方向劈蓋，向四面八方練習。

【易犯錯誤】

1.蓋棍一端太短。

2.蓋棍未從上而下。

【糾正方法】

1.注意前手滑把動作。

2.強調由上而下的弧線，可假設在中近距離蓋打對方腦門。

十三、橫擊棍

棍法含義：屬近距離攻擊法。主要以棍把擊打對方耳部、肋部。

【動作】

1.預備姿勢同挑棍（圖42），對手握棍。

2.右腳向前跨一大步，成右弓步；同時兩手使棍把由後斜向上、向左橫打，力達棍把（圖45）。

【要點】

橫擊前，右手略向斜下方抽棍，左手略向前段滑把；橫擊時，右手略向後滑把，然後握緊，以加長攻擊距離。

【練習】

1.按動作圖示進行單個動作練習。

2.從左、右兩側進行橫擊把的練習。

3.先做右橫擊把，步型不動，接做左橫擊棍（用棍梢一端）；然後撤步轉身，亦可連續進行。

【易犯錯誤】

1.棍的路線未走橫的弧線，與挑或蓋混淆。

圖45

2.握把太死，攻擊距離太短。

【糾正方法】

1.強調棍把繞水平（齊腰）運行。

2.假設一攻擊目標，必須擊到部位，自然須滑把，加長攻擊長度。

十四、絞　棍

棍法含義：屬近距離防禦法。以絞纏對方器械，接近對方，進行反擊，常與戳棍、蓋棍、挑棍相銜接。

【動作】

1.預備姿勢成半弓步或弓步；滿把對手握棍於棍身中段，左手近棍身前段，右手近棍身後段（圖46）。

2.外絞棍依順時針方向絞圓（圖47～49）；裡絞棍依反時針方向絞圓（圖50～52）。

【要點】

棍身中段要靠緊身體；絞棍時以一端為主，另一端協

圖46

圖47

圖 48

圖 49

圖 50

圖 51

圖 52

同，腰與兩手協同配合。繞圓不宜太大，直徑在 30 公分左右。

【練習】

1.原地做裡、外絞棍，由慢而快。

2.左右移步做裡、外絞棍。

3.交替用棍梢端和棍把端做裡、外絞棍。

4.結合蓋棍、挑棍、戳棍進行練習。

【易犯錯誤】

1.棍身離開身體，兩手配合不協調。

2.動作僵硬或無力。

【糾正方法】

1.先按動作圖示以中等速度進行，掌握配合要領，逐步加速，注意柔中有剛。

2.設一助手假設進攻，用絞棍防守。

十五、雲　棍

棍法含義：屬防禦性棍法。主要防對方由上而下的劈、蓋進攻。常與撥棍連接形成雲撥棍。

【動作】

1.兩腳開立，兩手分開正握於棍身中段，將棍置於右腋下，右手近前段，左手近後段，屈肘於右腋下（圖 53）。

2.以右手為主，使棍梢端由右向左、向後於頭上方平繞，左手變鉗把握棍，伴同方向平繞（圖 54）。

3.上動不停。繼續棍梢由後向右、向左平繞，棍把順同方向平繞（圖 55）。

圖 53　　　　　　　　　　　圖 54

圖 55　　　　　　　　　　　圖 56

4.棍梢繞至體左前方，右手握棍於左腋下（圖56）。

【要點】

棍在頭頂上方成平圓舞動，動作要快速連貫。

【練習】

1.按照動作圖示慢動作練習。

2.左右交替連續進行。

3.配合上步轉身、撤步轉身進行練習。

4.上步轉身跳，在騰起時完成雲棍動作。

【易犯錯誤】

1.棍身未在水平位上轉動。

2.動作不連貫。

【糾正方法】

1.先做徒手兩臂交叉練習。

2.由另一人協助判別是否成平圓舞動。

十六、撥　棍

棍法含義：屬遠距離防禦性方法。主要用棍前端向兩邊撥開對方直線進攻的器械，改變其進擊路線。

【動作】

1.預備姿勢同雲棍。左手滿把握棍於右腋下；右手螺把握棍於棍身中段，手心朝下（圖53）。

2.以右手為主，使棍前端由前向右平移，力達棍身前段（圖57）。左手在前、右手在左腋下時，通常向左平移，為左撥棍（圖58）。

圖57　　　　　　　　圖58

圖59　　　　　　　　　圖60

【要點】

用力輕快平穩，順對方擊來器械貼近時外撥，幅度不宜太大。

【練習】

1.如動作圖示，左右交替練習。

2.也可做左右下撥棍練習（圖59、60）。

3.也可做轉身撥棍。

【易犯錯誤】

用力過猛、幅度太大，與格擊對方來器動作相混。

【糾正方法】

1.多做有配手的撥棍練習和必須貼近的瞬間撥棍。

2.由對方持槍刺來，做撥開槍杆的練習。

十七、格　棍

棍法含義：屬防禦性棍法。主要以棍把或棍前端橫擊對方橫來的器械，迫其改變方向。

【動作】

1. 兩腳前後開立，兩手分開，正握持棍於身體前方；右手握棍持於右腰側（圖61）。

2. 以前手為主，迅速向左或右平移，前手心朝裡（圖62、63），為左右上格棍。

3. 兩腳前後開立，持棍於體前（圖64A），迅速提左膝，右手向前滑把，使棍把由右向左在體前下方橫擊（圖64B）。

4. 左腳向後落步，右側腿提膝；同時右手和左手向棍把方向滑把，以棍身前段自左向右下方橫擊（圖65）。

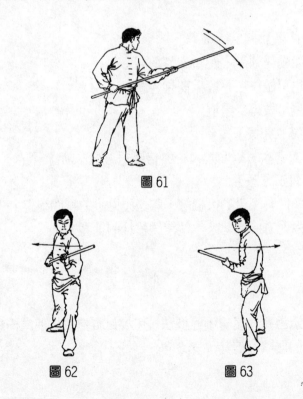

圖61

圖62   圖63

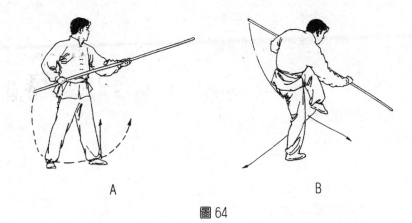

A   B

圖 64

圖 65

【要點】

格棍動作要快速有力,與擊來器械成垂直。

【練習】

1.按動作圖示做左右上格棍。

2.按動作圖示做退步左右下格棍。

【易犯錯誤】

1.動作不迅猛。

2.前手手臂太直，格棍無力。

3.手心未朝裡，形同撥棍。

【糾正方法】

由一人假設對手持器械協助練習，直刺上方或下方，體會格擊的短促用力。

十八、掛　棍

棍法含義：屬防禦性棍法。主要防守對方直向擊來的器械。

【動作】

1.預備姿勢同格棍（圖66）。

2.左腳回收半步，虛點地面；同時兩手握棍使棍梢端由前向下、向後，回收於左小腿外側，右手握棍，屈臂置於右胸前（圖67）。

3.左腳後撤一步，右腳回收半步虛點地面；同時棍把由前向下、向右後方下掛於右小腿外側，左手握棍屈於左胸前

圖66　　　　　　　圖67

圖 68

（圖 68）。

【要點】

棍的運行必須由前向側後下方或側後上方，以便截住對方刺、掃、砍、掄等棍法的進攻；棍要貼身，快速有力。

【練習】

1.按動作圖示做左右下掛棍練習（圖 69、70）。

2.也可做左右上掛棍練習。

圖 69

圖 70

3.兩手分握於棍身中段的兩端，可做退步連續上掛棍，或連續下掛棍。

【易犯錯誤】

1.動作路線含糊，未由前向後。

2.掛棍動作離身太遠。

【糾正方法】

由一人假設進攻，做掛棍練習。

十九、架　棍

棍法含義：屬防禦性方法。主要以棍身架擋對方由上而下劈來之器械。

【動作】

1.預備姿勢同格棍（圖71）。

2.左腳向前上半步成左弓步；同時左手向棍梢一端滑把，兩手將棍向頭前上方舉架（圖72、73）。

【要點】

滑把與上舉同時進行，動作要乾脆，上架要快速有力。

圖71

圖72　　　　　　　圖73

圖74

【練習】

1.如動作圖示練習。

2.也可結合回身上架、左右橫襠步上架（圖74）。

【易犯錯誤】

1.兩手距離太寬或太窄。

2.棍身上舉未高過頭。

【糾正方法】

兩人配合進行假設性練習，檢查手和棍的位置。

二十、推　棍

棍法含義：屬近距離進攻性動作。主要以棍身推撞對方軀幹部位。

【動作】

1.預備姿勢同格棍（圖75）。

2.左腳向前跨一大步，兩手握棍以棍身向前推擊，棍斜於體前（圖76）；也可棍成水平橫推。

【要點】

推棍要伴同身體重心前移，兩手同時用力。

【練習】

按動作圖示反覆體會，結合行進間練習，棍梢、棍把交替在上。

【易犯錯誤】

身體步法未跟上，與推棍用力不一致。

圖75　　　　　　　圖76

【糾正方法】

按要點體會，也可兩人一組配合做攻防練習。

二十一、雙手舞花棍

棍法含義：屬防禦性動作。主要用於遭受多方位攻擊或對方拋出器械打來時。是套路中連接動作的重要技術。

【動作】

1.兩手正握於棍身中段（偏於棍把一端），兩腳前後開立（圖77）。

2.左手鬆握，右手向右後下方抽棍，並由後向上、向前立圓繞行劈把；左手隨棍身轉動成鉗把握棍，棍梢伴同由上向前、向下、向右後方繞行（圖78）。

A

B

圖77

A   B

圖 78

　　3.上動不停。身體左轉，重心落於兩腳中間，兩手繼續
使棍把由前向下立圓繞行，下掛於左腿側，兩臂自然交叉
（圖79A、B）。

　　4.上動不停。兩手繼續使棍把由下向上、向前立圓繞

A   B

圖 79

圖80

圖81

行，左手自然轉腕使棍身貼於掌心（圖80）。

　　5.上動不停。左手握棍使棍梢向上、向前立圓繞行劈棍
（圖81）。

　　6.上動不停。重心前移。兩手使棍梢一端繼續向右腿外
側下掛；兩臂自然交叉，右手成鉗把握棍（圖82A、B）。

　　7.兩手繼續使棍梢一端向後、向上、向前立圓繞行，即
還原為動作1（參見圖77）。

A

B

圖82

【要點】

棍梢、棍把始終伴同在相反位置上立圓繞行。一般棍把前劈後下掛於體左側，棍梢前劈下掛於體右側；一手前劈下掛，另一手為鉗把。動作要連貫。

【練習】

1.按動作圖示進行練習，弄清把、梢的運行路線。

2.逐步加快速度，連續舞花。

3.結合上步、退步，連續在行進間舞花。

【易犯錯誤】

1.握把太死，動作不連貫。

2.棍立圓繞行離身體兩側較遠。

【糾正方法】

1.強調兩手輪替為主；另一手鬆握。

2.下掛時盡量靠近腿側，前劈則向前方中正位置。

二十二、單手舞花

棍法含義：與雙手舞花同。

【動作】

1.兩腳前後開立，右手正手握棍於棍身中後段，使棍立於身前，棍梢端朝上（圖83）。

2.轉腕使棍梢端向前、向下，經體右側轉動一周半，棍身斜於右腋下（圖84、85）。

3.上動不停。以棍把向左下掛，鉗把握棍，身體伴同向左轉（圖86A、B）。

4.上動不停。繼續使棍梢順勢繞行一周，直至恢復動作

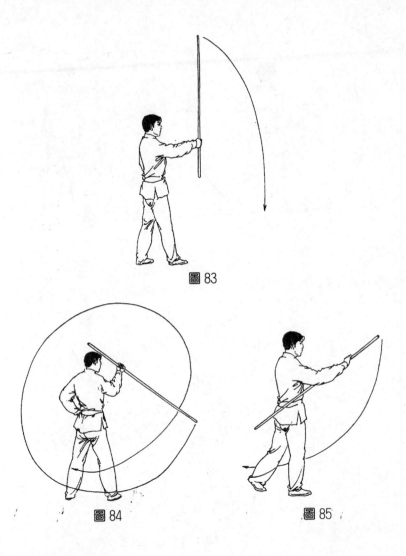

圖 83

圖 84

圖 85

1 的位置（圖 87）。

【要點】

握棍部位要使兩頭運轉相當；夾於腋下要轉體加速；立圓要近身。

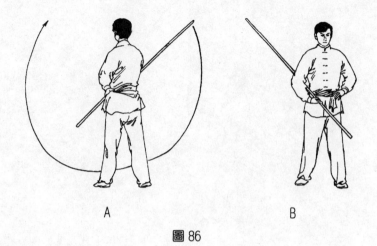

A   B

圖 86

圖 87

【練習】

1.按動作圖示練習，連續進行，逐步加快。

2.以左手握棍連續單手舞花。

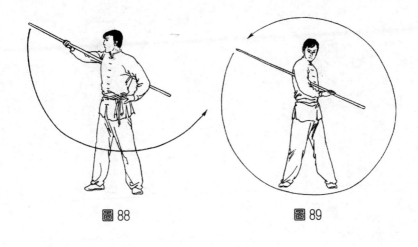

圖88　　　　　　　　　圖89

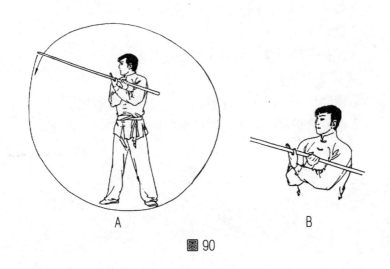

A　　　　　　　　　　B

圖90

3.左、右手體前換把，連續舞花（圖88～91）。

4.左、右手體後換把連續舞花（圖92～94A、B）。

圖91

圖92

【易犯錯誤】

1.離身太遠，立圓不直。

2.動作不連貫。

3.換把時機不準，棍梢、把轉動混亂。

【糾正方法】

1.慢動作單手練習，注意立圓，下掛盡量近腿側。

2.當棍身於腋下時，上步轉身要順勢及時、不停頓。

圖93

A   B

圖94

3.換把繞行時檢查是否均以棍把一端下掛，若不對應及時調正，由慢而快，逐步熟練。

二十三、提撩舞花棍

棍法含義：屬遠距離攻擊性動作。主要在對付兩個以上對手的情況下，邊守邊攻，亂中取勝。

【動作】

1.兩腳前後開立；兩手正握於棍身後段，棍梢端朝上（圖95A、B）。

2.兩手屈肘用力，使棍梢端由上向後、向體右側下方立圓繞行（圖96A、B）。

3.兩手握棍順勢旋腕上提，使棍梢端繼續向前、向上撩起，棍把隨之移至頭的左側（圖97A、B）。

4.上動不停。兩手旋腕，使棍梢端順勢在體左側繞行一周，向前撩起，棍把隨之移至頭的右側（圖98A、B）。

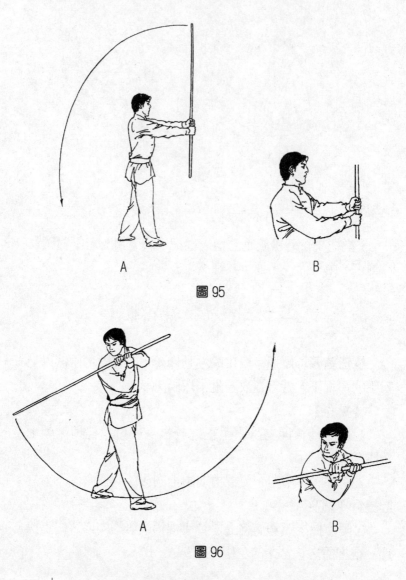

A   B

圖 95

A   B

圖 96

【要點】

握棍部位要恰當；棍在體側運行要成立圓；提撩時用力，其他時應旋腕柔和，隨其慣性。

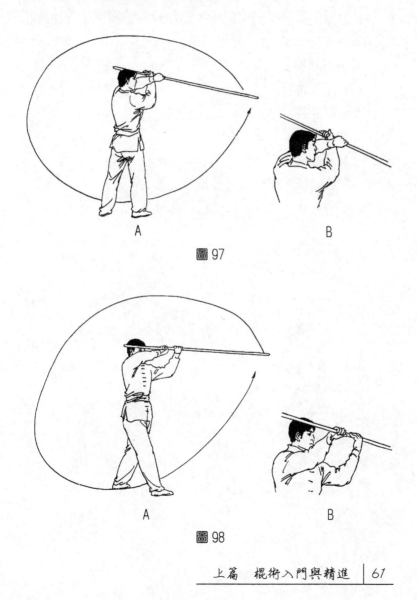

A   B

圖97

A   B

圖98

【練習】

1.按動作圖示中速進行，體會要點。

2.在原地熟練後，結合上步或退步行進間練習。

3.也可進行單手提撩舞花，動作及要領與雙手提撩舞花相同（圖99～103）。

【易犯錯誤】

1.動作不連慣。

2.棍離身體太遠。

3.動作太軟或太硬。

【糾正方法】

1.由慢到快，逐步在向前提撩時加力。

2.棍梢向後下落時注意貼近腳踝外側。

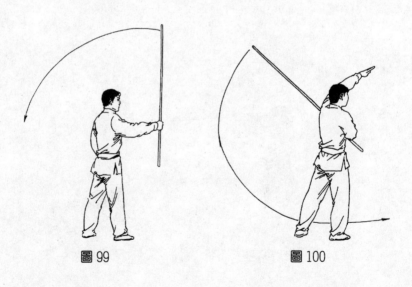

圖99　　　　　　　　　圖100

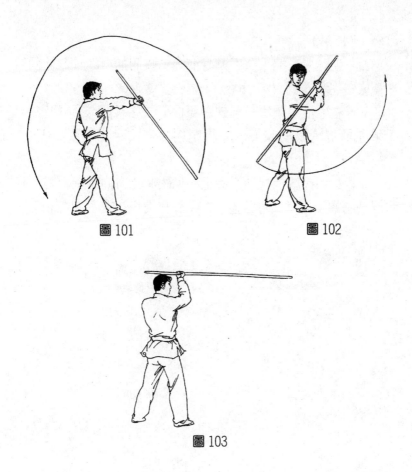

圖 101

圖 102

圖 103

二十四、穿棍（穿梭棍）

棍法含義：屬過渡性方法。主要在攻擊防禦中變換把位。在棍術套路中常見。分為穿腰、穿喉、穿背。

【動作】

1.兩手反握於棍梢（虎口朝棍把）兩腳前後開立或成左

弓步（圖104）。

　　2.左手鬆握滑把，右手貼身前向右腰側抽棍，身體伴同右轉成右弓步（圖105、106），稱為穿腰棍。

　　3.若右手沿脖頸鎖骨前向右穿棍稱為穿喉棍。穿喉時右手須在抽棍時變把為虎口朝棍梢端，方可穿出（圖107～109）。

　　4.若右手握於棍把端變握把，沿逆時針方向旋腕伸臂，將棍身過頭，斜背於身背後，左手鬆握滑把，右手向左、向

圖104　　　　　　　　圖105

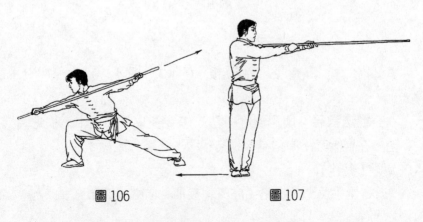

圖106　　　　　　　　圖107

圖108　　　　　　　　　圖109

前用力，棍即由背後向前穿出，稱為背後穿棍（圖110~
113）。

【要點】

穿棍時要流暢自如，一手抽棍或前送時，另一手注意鬆
活，便於滑把；穿棍要貼近身體。

【練習】

1.按動作圖示，分別做穿腰和穿喉棍。

2.把穿腰、穿喉連起來做，棍在體前猶同穿梭。

圖110　　　　　　　　　圖111

圖112　　　　　　　　　圖113

　　3.按動作圖示練習背後穿棍。

　　4.通過上步和換把，可使穿腰、穿喉、穿背三種棍法連貫起來練習。

　　【易犯錯誤】

　　1.穿棍不暢。

　　2.用力過大，棍穿出後落地。

　　3.棍身離身體太遠。

　　【糾正方法】

　　1.反覆練習原地的抽棍與滑把，做到穿梭自如。

　2.注意慢動作屈臂貼行運行。

　　3.抽棍、送棍要適當，另一手配合控制，不宜太鬆，也不宜太緊。

二十五、挂地棍

　　棍法含義：屬過渡性棍法。主要借助棍挂地協助支撐進行側踹腿或側翻。常在棍術套路中應用。

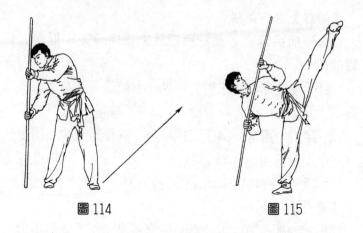

圖 114　　　　　　　　　　圖 115

【動作】拄棍側踹

1.預備姿勢可為兩腳前後開立，兩手持棍（同前）。

2.上體向右側傾，使棍把拄地（圖 114）。

3.上體繼續向右側倒，同時提起左腳向左側上方踹腿（圖 115）。

【要點】

棍身與地面垂直，身體充分側倒，發揮借棍拄地的作用，側踹要高；拄地與側踹銜接要快。

【練習】

結合左右兩側練習左右側踹腿。

【易犯錯誤】

拄地時手臂太直，離身體太遠。

【糾正方法】

一人練習，一人幫助，要求側踹要高而有力。

【動作】拄棍側翻

1.兩腳前後開立，滿把反握於棍身中後段，棍把在前（圖116）。

2.雙手握棍在左腳正前方拄地，上體前俯，右腿向後向上踢擺（圖117）。

3.左腳用力蹬地，兩手緊握棍身，以棍為支撐，兩腿依次在空中做扇形擺動（圖118）。

4.右腳、左腳依次落地（圖119）。

【要點】

拄棍與地面垂直；左臂伸直貼緊棍身，兩手支撐用力；側翻要成倒立，兩腿要分開。

【練習】

1.須先掌握熟練側手翻動作。

2.由另一人協助將棍拄地，做上步握棍支撐側翻；開始棍身可略向協助人一方傾斜，以減少恐懼心理。

3.一人獨立拄棍側翻，另一人在另一側，協助扶腰和擺腿。逐步獨立完成。

圖116　　　　　　　　圖117

圖118　　　　　　　　　　圖119

【易犯錯誤】

1.有恐懼心理，不敢經空倒立側翻。

2.兩手支撐力量不足。

3.棍身太傾斜。

【糾正方法】

1.在別人幫助下，熟練完成後再獨立練習。開始練習應有人保護。

2.支撐點開始離地面可近一些。

二十六、拋接棍

棍法含義：屬過渡性棍法。可以借此變化握棍部位，必要時也可加速向前追擊。

【動作】

1.兩腳前後開立或成右弓步，右手單手握棍的一端（圖120）。

圖 120

2.右手用力使棍前端向上翹起（圖121）。

3.拋棍使棍在空中向前翻滾半周，右手接握棍的另一端（圖122、123）。

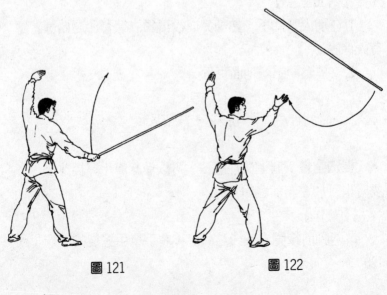

圖 121　　　　　　圖 122

圖 123

【要點】

抛棍前棍身上翹，便於在體前上空翻轉；抛翻的力度要掌握好，以便接棍。

【練習】

1.可連續進行抛接練習。

2.還可結合背後穿棍右手向前抛出，左手隨上步接棍。

【易犯錯誤】

1.空中高度不當，太低或太高。

2.接不住。

【糾正方法】

根據要領反覆熟練，很快可以掌握。

二十七、基本持棍法

在進行各種棍法動作或在一組棍術動作中的開始或結束，均有一定的持棍方法，構成各種預備勢或定勢、收勢。最常見的有持棍、抱棍、舉棍、托棍、夾棍、背棍等。

(一)持　棍

兩腳前後開立，兩手滿把正手握棍，左手在前，握於棍身中部，臂微屈；右手在後，握棍於棍把，屈肘貼近腰側（圖124A）。也可單手持棍於體側（圖124B）。

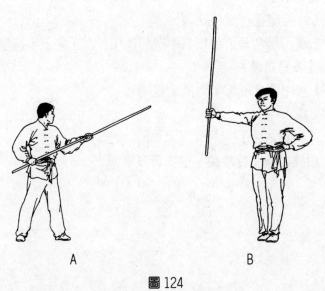

A

B

圖124

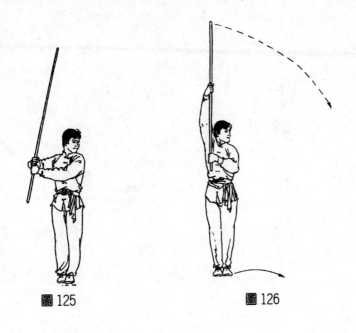

圖 125　　　　　　　　圖 126

(二)抱　棍

兩腳併立，兩手滿把正握，同在棍身後段，棍身在體前
或體側直立（圖125）。

(三)舉　棍

併步站立，兩手正握於棍身中後段。右手在上，螺把握
於棍中段，臂伸直或微屈，左手滿把屈臂於右腋前，棍直立
於體右側（圖126）。也可側舉於體左側。

圖 127   圖 128

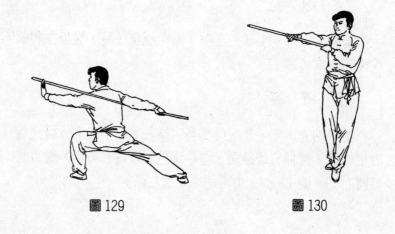

圖 129   圖 130

圖131

兩手滿把握於棍身後段，雙臂舉起於頭後上方，棍斜朝後上方，為後舉棍（圖127）。

(四)背　棍

一手或兩手握棍身後段，將棍置於肩上，兩臂屈肘平抱，將棍身按壓於肩，不得搖擺（圖128），為肩上背棍。

一手螺把握棍於棍身後段，將棍斜背於身後，棍身緊貼背部，不得搖擺（圖129），為背後背棍。

(五)夾　棍

兩手握棍，一手在前，另一手屈肘於腋窩前，將棍身夾於腋下；棍端不得搖擺（圖130）。

(六)托　棍

一手握棍，另一手向上平托；高與胸平（圖131）。

第三章

基本棍法組合練習

　　將幾個棍法配合身體動作連接起來，便是棍法組合練習。這裡只介紹幾組基本的棍法組合練習，不僅有利於熟練地掌握棍法，而且可以提高練習興趣。

　　第一組：歇步平舉棍→蹲步掃棍→騰空後舉棍→仆步摔棍

　　【動作】

　　1.兩手正握，右手握棍把，左手螺把握棍身後段，將棍平舉於體左前方，兩腿下蹲成歇步（圖132）。

圖 132

圖133

圖134

2.身體立起右轉，右腳後撤一步；同時右手握把向右胸前拉棍，左手鬆握自然前滑（圖133）。

3.身體繼續右轉，左腳向右腳靠攏下蹲；同時兩手用力使棍自左向右下掃，左手滑把於右手附近（圖134）。

4.兩腳用力蹬地跳起，兩小腿後屈，挺胸展髖；同時兩

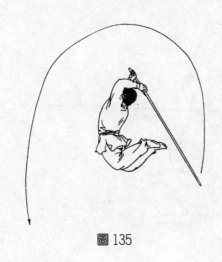

圖 135

圖 136

手向上、向後舉棍（圖 135）。

　　5.兩腳落地成左仆步；同時兩手握棍向下摔棍，目視棍前端（圖 136）。

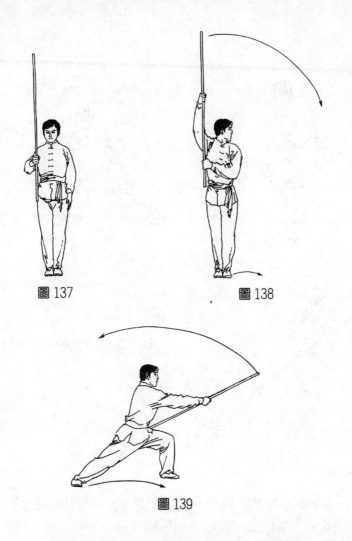

圖 137　　　　　　　　圖 138

圖 139

第二組：弓步劈棍→弓步戳把→轉身弓步戳棍→提撩舞花→弓步肩揹棍

【動作】

1.併步右上舉棍，左腳向左前方跨步成左弓步，同時向下劈棍（圖 137～139）。

圖140

圖141

圖142

圖143

2.右腳上步於左腳旁，成右丁步；右手向棍後段滑把，左手換握，棍梢端由前向後（圖140）。

3.右腳上步成右弓步；同時兩手握棍經左腰側向前戳把（圖141）。

4.右腳內扣，左腳屈膝扣於右腿膝關節後，身體向左後方轉身360°；同時，左手抽棍，右手向棍把滑把（圖142）。

圖 144　　　　　　　　圖 145

圖 146

5.上動不停。繼續轉身 180°，成左弓步；同時兩手向前平戳棍，左手後滑至右手處（圖 143）。

6.兩手握於棍身後段，做右提撩舞花；然後右腿屈膝提起（圖 144、145）。

7.上動不停。做左提撩舞花，然後揹棍於右肩，右腳落步成右弓步（圖 146）。

圖 147A

圖 147B

圖 148

　　第三組：弓步揹棍→馬步平掄棍→換跳步、馬步劈棍→
回身點棍→拋接棍→提膝揹棍

　　【動作】

　　1.預備姿勢（圖 147A）：右弓步肩揹棍（圖 147B）。

　　2.重心左移成馬步；同時棍向左平掄，揹於左肩（圖
148）。

圖 149

圖 150

3.兩腳蹬地跳起，右轉 180°，仍成馬步；同時經後舉棍
向下劈棍（圖 149）。

4.右腳外展，左腳裡扣，成右弓步；同時使棍由左向
上、向右下點棍（圖 150）。

圖 151

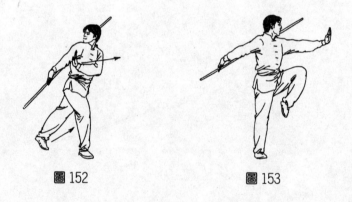

圖 152　　　　　　　　　　圖 153

5.在體前拋接棍（圖 151）。

6.雙手右側舞花背於身後，提左膝，推左掌（圖 152、153）。

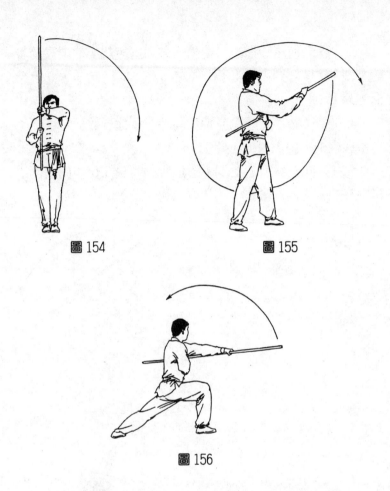

圖154　　　　　　　圖155

圖156

第四組：舞花弓步劈棍→震腳弓步架棍→虛步蓋把→跳
步轉身雲棍→弓步撥棍

【動作】

1.併步站立，兩手對手握棍於棍身中段（圖154）。

2.兩手握棍在體前舞花半周，身體左轉，左腳向前上半
步（圖155）；棍把向左下掛，繼續舞花於體左側，右腳跨
一大步成右弓步；同時棍前段由左側向前下劈（圖156）。

3.左腳向前屈膝提起，棍梢一端向上挑起，使棍立於身前（圖157）；左腳向前落步成左弓步；同時向前、向上架棍（圖158）。

4.左腳後撤半步成左虛步；同時左手握棍收於右腋下；右手握棍由上向下劈把（圖159）。

5.左腳向左斜前方上步，蹬地跳起轉身360°；同時兩手握棍在頭上方向左雲棍一周（圖160、161）。

圖157

圖158

圖159

圖160

6.落步成左弓步，向左撥棍（圖 162）。

7.右腳向右斜前方上步，做右轉身雲、撥棍（圖 163～
165）。

圖 161　　　　　　　　　圖 162

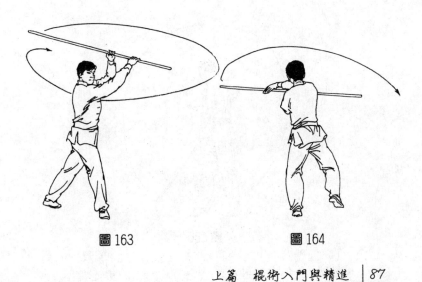

圖 163　　　　　　　　　圖 164

圖165

第五組：前點步點棍→連續提撩舞花→回身仆步摔棍→
轉身弓步蓋把→弓步肩揹棍→掄雲棍→弓步揹棍

【動作】

1.左腳前點，兩手靠緊正手握於棍身後段，棍梢點地
（圖166）。

圖166

2.右提撩舞花，上右步（圖 167、168）。

3.左提撩舞花，上左步（圖 169、170）。

4.右、左連續重覆三次。

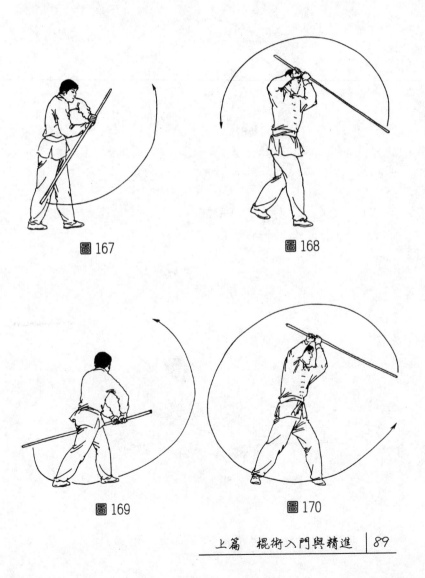

圖 167

圖 168

圖 169

圖 170

5.隨左提撩花身體向右後轉身 180°，成左仆步；由上向下摔棍（圖 171、172）。

6.身體立起，右手抽把，左手向前滑把（圖 173）；右

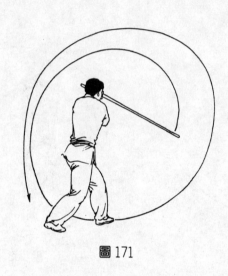

圖 171

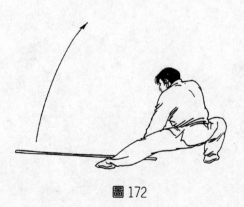

圖 172

腳向前上步，身體左轉180°，成左弓步；右手握棍使把向上繞行，向左前下方蓋把（圖174）。

7.將棍揹於右肩，重心左移向右掄雲棍（圖175、

圖173　　　　　　　　　　圖174

圖175

176）。

　　8.重心右移，成右弓步，棍揹於身後（圖177）。

圖176

圖177

棍術、槍術入門與精進

第四章

武術段位三段棍術

一、動作名稱

第一段

預備勢

1. 虛步劈把
2. 弓步裡絞戳棍
3. 插步掄劈棍
4. 翻身掄劈棍
5. 馬步平掄棍
6. 跳步半掄劈棍
7. 左右提撩棍
8. 轉身仆步摔棍

第二段

9. 弓步崩棍
10. 馬步劈把棍
11. 歇步半掄劈棍
12. 左右雲撥棍
13. 弓步挑把棍
14. 轉身弓步戳棍
15. 踢腿撩棍
16. 弓步拉棍

收 勢

二、套路分析

全套共 16 個動作，主要方法有劈棍（6 次），平掄棍（1 次），摔棍（1 次），提撩棍（3 次），雲撥棍（2次），戳棍（2 次），崩棍（1 次），挑棍（1 次），拉棍（1 次）。

其中劈棍中有 2 次用棍把一端下劈，俗稱劈把；所謂掄劈棍，即兩手使棍立掄一周下劈為掄劈，兩手使棍立掄半周下劈為半掄劈，即為我們所指的劈棍。

拉棍通常不作為主要棍法，多半作為一種持棍的姿勢，可以參看本書中的拉槍動作。

其它涉及的棍法均可參看本書中的基本棍法。

該套路中涉及主要步型有弓步、馬步、仆步、虛步、歇步、插步等。主要步法有上步、倒插步、跳步、退步等。此外，還有一個正踢腿的腿法。

三、動作說明

第一段

預備勢：兩腳併步站立，兩臂自然下垂於體側，右手持棍中段，立於體右側；目向前平視（圖 178）。

1.虛步劈把

1）左手屈臂於胸前，左手反握棍中前段，虎口朝下，

手心朝外（圖179）。

　　2）右腿半蹲，左腳向前出半步成左虛步；同時，左手握棍向前、向下收於左腰側，右手握棍把一端向後、向上、向前劈出；目視棍把（圖180）。

　　【提示】左手要配合右手，右手下劈時要有力，出步劈把要一致。

圖178

圖179

圖180

2.弓步裡絞劈棍

1）身體左轉，左腳向前上一步，兩腿屈膝成半馬步；同時，右手握棍把一端向弧形下落，收於右腰外側，左手握棍使棍梢一端向左、向上、再向下依順時針方向絞壓；目視棍梢（圖181）。

2）身體重心前移，右腿蹬直成左弓步；同時，兩手握棍同時用力向前平戳，力達棍梢前端；目視前方（圖182）。

【提示】絞棍時，兩手要配合協調，形同搖櫓；絞後下壓時略用力；戳棍與蹬腿用力一致。

3.插步掄劈棍

1）身體重心後移，左腳回收半步成左虛步；同時，右手握棍使棍把一端向後、向上、向前蓋把，左手順勢使棍梢一端向下、向體右後方繞行，左手屈臂於右腋下（圖183）。

圖181　　　　　　　圖182

2）上動不停，身體左轉，身體重心前移至左腳，左腳外展；同時，右手握棍繼續使棍把一端向下、向左後上方繞行（圖184）。

3）上動不停，右腳向前一步成右虛步；同時，右手握棍繼續使棍把由上向前、向下劈擊，手心朝下，左手屈收於左肋旁（圖185）。

圖183　　　　　　　　　　圖184

圖185

4）上動不停，右腳裡扣踏實，身體左轉，左腳在右腳後向右插一步；同時，左手握棍繼續使棍梢一端，由左向上、向右下方掄劈，右手配合左手屈收於左腋下；目視棍梢（圖186）。

【提示】棍在繞行中兩手要放鬆，走立圓，劈棍時須略加力，動作保持連貫。

4.翻身掄劈棍

緊接上動，以兩腳為軸，上體向左上翻轉，使身體轉體180°，兩腿屈膝半蹲成馬步；同時，兩手交叉握棍隨同腰一起翻轉，使棍梢由右向下、向左、向上繞行，使身體轉180°時，隨同屈膝半蹲，兩手用力以棍梢端向上、向左側前方劈擊；目視左前方（圖187）。

【提示】棍翻轉繞行和下劈均以左手為主，右手輔助，棍梢須走一立圓。翻身要與劈棍一氣呵成。

圖186　　　　　　　　圖187

5. 馬步平掄棍

1) 兩手握棍上提，經胸前過後，背於肩頸後，左手鬆握滑向棍梢一端；目視左前方（圖 188）。

2) 緊接上動，右腳向左上一大步，身體左轉 180°，仍屈蹲成馬步；同時，左手鬆開，右手握棍由右向前、向左用力平掄，使棍梢平掄 540°，左手接棍，兩臂平屈於胸前，棍身架於左臂部；目視右前方（圖 189）。

圖 188

圖 189A   圖 189B

【提示】右手掄棍要有力，應配合上步及轉腰的力量；上步應略微先於掄棍才能發上力；平掄高度於胸腰之間，左手注意接握。

6.跳步半掄劈棍

1）兩腳蹬地跳起，轉體180°，仍落成馬步；同時左手滑握棍中段，兩手略將棍舉於頭部左上方，向體左側前下方猛劈，右手握棍貼近右腰前；目視棍梢（圖190）。

【提示】起腳不必太高，轉體要快，兩手下劈應在兩腳落地的一剎那迅速發力。

7.右左提撩棍

1）左腳稍回收，兩腳站立，身體右轉近90°；同時左手迅速向棍把一端滑把並換握於右手下面，使棍梢一端由左向上、向右繞行，雙手握棍於胸前；目視棍梢（圖191）。

2）上動不停，身體左轉180°，兩手握棍使棍梢繼續向下繞行，並向前下方提撩；同時右腳向前上一步，成右高虛

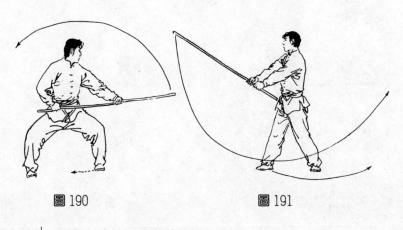

圖190　　　　　　　　　　圖191

步，兩手握棍於左前方（圖192）。

3）上動不停，身體左轉近180°，左手迅速換握於右手上面，兩手握棍使棍捎向上繞行，隨體轉棍梢繞半個立圓（圖193）。

4）上動不停，身體右轉180°，兩手握棍使棍梢繼續在體前向下繞行，並向前上方提撩；同時左腳向前上一步，成左高虛步，兩手握棍於右肩前上方；目視棍梢（圖194）。

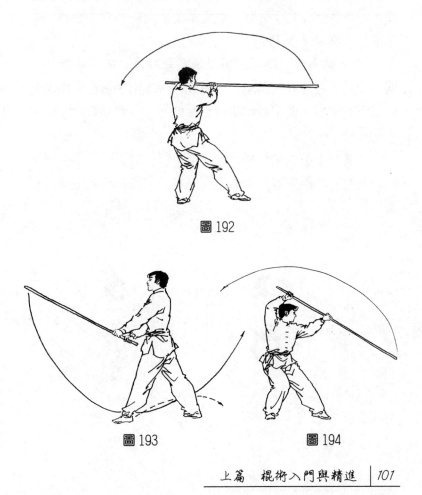

圖192

圖193　　　　圖194

【提示】提撩棍時棍盡量靠近身體成立圓，兩手用力與體轉上步協調一致，動作要連貫。

8.轉身仆步摔棍

1）上動不停，身體右轉 180°，兩手握棍繼續使棍向上繞行半個立圓，隨體轉落於體前（圖 195）。

2）上動不停，右腿屈膝提起；同時，兩手握棍稍上提，左手內旋，右手外旋，使棍梢由上向前、向下掄繞，兩手交叉於胸前（圖 196）。

3）上動不停，兩手繼續沿體右側向後、向上掄半個立圓；同時，右腳向後落步，全蹲成仆步，兩手握棍繼續由上向前下方劈擊，使棍身前半段平摔地面，身體稍前傾；目視棍梢（圖 197）。

【提示】整個動作與上動作要連貫，棍要貼身走立圓，在體前繞花時腕要鬆活；摔棍與仆步要同時完成，棍身與左腿平行。

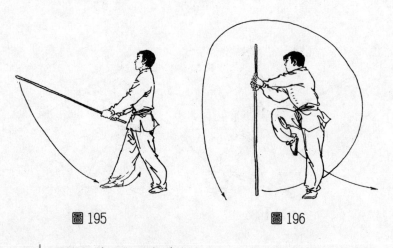

圖 195   圖 196

第二段

9.弓步崩棍

右腿蹬地，左腿屈膝前弓成左弓步；同時，左手稍滑向棍把，兩手握棍前送，於成弓步時，右手握把猛力回抽下壓，左手前撐，左手心斜朝下，使棍梢由下向上崩挑，梢與肩平；目視棍梢（圖198）。

【提示】崩棍時，右手的回抽與左手的滑撐用力要猛，時機要一致。

圖197

圖198

10.弓步把劈棍

1）身體重心稍後坐，左腳隨即回收一小步，上體右轉；同時，右手握把回抽至右腰側時向棍中部滑握，留出把段後隨屈肘上舉至右肩上方，左手順勢滑握棍身中前端；目視左下方（圖199）。

2）上動不停，以右腳掌為軸，身體左後轉，左腳向右腳後退步，屈膝下蹲成馬步；同時，右手換握棍成虎口朝把端後隨體轉向右下劃弧劈棍，左手換握棍收於左腰側，虎口一側朝棍把；目視棍把（圖200）。

【提示】右手舉棍，劈棍要連貫；棍把、棍梢須在一個立圓裡運行；左、右手換握棍時，手不離棍。

11.歇步半掄劈棍

以右腳跟為軸，腳尖外撇，上體右轉，左腳前收，兩腿屈膝下蹲成歇步；同時右手換握稍滑向把端，收至右腰側，

圖199　　　　　　　　圖200

虎口朝棍梢，左手換握滑至
棍身中段，並向上、隨體轉
向下畫弧劈棍，棍梢與肩
平；目視棍梢（圖201）。

【提示】成歇步時，左腳
的前收步幅要適度；劈棍
時，左臂先稍屈再伸直發
力。

圖201

12.左右雲撥棍

1）身體直立，左腳向前上一步；同時，兩手握棍上
舉，左手心朝上，右手心朝下；目視棍梢（圖202）。

2）上動不停，上體稍左轉，右腳向前上一步，兩腿屈
膝成右虛步；同時，以左手為主在頭上方屈肘畫平圓後向左
側伸臂，使棍梢由前、向左、向後、向右、向左上畫弧擊
打，棍梢略高於頭部；目視棍梢（圖203）。

3）右腳向前上半步；同時，左手握棍向右、向後、向

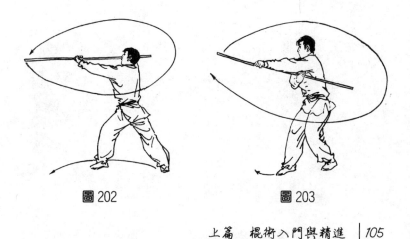

圖202　　　　　　　　　　圖203

左、向前畫平圓舉至頭上部，右手握棍隨勢畫弧上舉；目視棍梢（圖204）。

4）緊接上動，右腿屈膝，左腳繼續上半步成左虛步，與此同時，右手握棍由後向左、向前、向右上畫弧，使棍把由後向左、向前、向右上畫弧擊打，左手握棍順勢收於右腋下；目視棍把（圖205）。

【提示】上步雲撥棍要協調一致；雲棍時，兩手上舉要屈肘；擊打前，應先稍屈肘再伸臂發力。

13.弓步挑把棍

1）兩腿直立，上體右轉；同時，右手握棍屈肘收於頭前，左手握棍下落至腹前（圖206）。

2）上動不停，以左腳掌為軸，身體左轉，右腳向左側上一大步，屈膝；同時，右手握棍向右下畫弧至髖部，左手握棍上畫弧至胸前；目視右手（圖207）。

3）上動不停，右腿繼續前弓成右弓步，上體左轉；同時，右手握棍隨體轉向右上畫弧挑把，掌心朝外，左手握棍

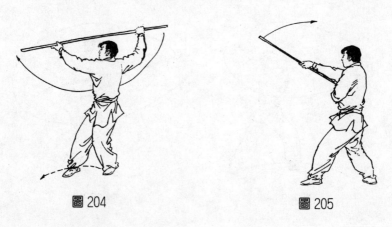

圖204　　　　　　　　圖205

隨體轉下落至左腰側；目視棍把（圖208）。

【提示】三小動須一氣呵成；棍走立圓；挑把時，右肘稍屈以利發力。

14.轉身弓步戳棍

1）右腿直立，身體左轉，左腿屈膝上提；同時，右手握棍屈肘回收，左手握棍下落至小腿前；目視棍梢（圖209）。

2）上動不停，以右腳掌為軸，繼續左轉；同時，左手

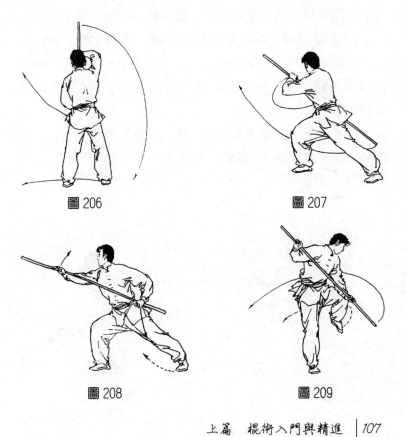

圖206

圖207

圖208

圖209

換握成虎口朝著棍梢（圖210）。

3）上動不停，左腳向左側落一大步，屈膝前弓成左弓步；同時，左手握棍向左側伸平，右手握棍下落經右腰處向左手伸出戳棍；目視棍梢（圖211）。

【提示】轉身、落步、戳棍要一氣呵成，不能有間斷；左手換握要快，手不能離棍；戳棍時，力達梢端。

15.踢腿撩棍

1）左腳蹬地，身體右轉，右腿屈膝；同時，兩手握棍向上，隨體轉下落，使棍畫一立弧；目視棍梢（圖212）。

2）上動不停，身體重心移至左腿，上體左轉，右腿勾腳上擺踢腿；同時，兩手握棍，使棍梢繼續向下，隨體轉向上畫弧撩棍，兩手置於左胸前，棍梢高於頭部；目視前方（圖213）。

【提示】撩棍踢腿須連貫完成，先撩棍再發力勾踢；撩棍時，棍須走立圓；勾踢時，兩膝要直，上體挺直。

圖210   圖211

16. 弓步拉棍

1）上體稍左轉，右腿屈膝回收，腳背繃緊；同時，左手向棍中部滑握並向左側拉開，使棍梢向上、向左側畫弧；目視左側（圖214）。

2）上動不停，右腳落步，屈膝成右弓步；同時，右手握棍向右肩前拉帶並內旋，左手握棍內旋下壓，棍斜置於身前；目視左側（圖215）。

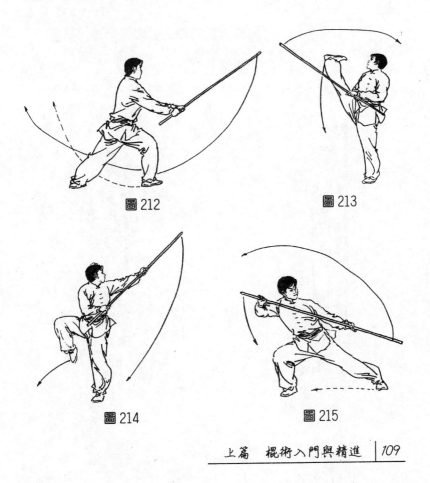

圖212

圖213

圖214

圖215

【提示】拉棍與弓步要同時完成，拉棍時，棍梢置於左膝踝之間。

收　勢

1）身體直立，左腳收併於右腳內側；同時，左手握棍上舉後下落至右肩前，右手下落滑握於棍身中段；目視正前方（圖216）。

2）左手鬆離棍後垂於身體左側；目視正前方（圖217）。

【提示】併步時，右腳以腳掌為軸，腳跟外展後再併步；右手握棍時，右臂保持一定的彎曲。

圖216

圖217

下 篇

第一章

槍術基本知識

一、槍術概說

槍，是古代的主要兵器。在冷兵器時代的戰爭中，使用最廣泛的便是槍。

相傳在部落戰爭中黃帝與蚩尤作戰便把槍作為「五兵」之一。後來在車戰中，當中一人駕御，車左者持弓箭主射，車右者持長矛主擊刺。「矛」便是槍的前身，較長的矛也有稱「槊」「稍」，當時的「矛」要比後來的槍長得多，人稱「丈八長矛」，大約相當於今天的 4 公尺多長。

古時候的長槍多用鐵杆連同前面的槍尖。

傳說隋唐時名將秦瓊在一次戰鬥中，槍插於地，眾敵難拔，大長了威風。宋代末年的農民起義領袖李全被稱為「李鐵槍」，其妻楊妙真自稱「二十年梨花槍，天下無敵手」，楊氏的梨花槍一直傳於後世。宋代城鎮中還出現了槍與盾牌的對練表演。

到了明朝，槍術除了作為戰陣中的軍事武藝，在廣大民

間有了極大的發展，有「使槍之家十七」的說法，如梨花槍、沙家槍、馬家槍、峨嵋槍等。在民間流傳中，槍術作為一種技藝，大抵都是用白木蠟杆，前面裝有鐵槍頭。不少槍家在比試武藝時，為了安全，將槍頭換成用布裹的棉花，蘸些白粉，比試者穿著黑衣服，以數點得分為勝。

隨著槍術在民間的流行，除了戰陣中和練兵時常用的攔、拿、擊、刺之法，逐漸增加了許多攻守的槍法，概括起來主要有：攔、拿、扎、劈、崩、點、穿、纏、撥、挑、撞等槍法，以及用把之法和各種舞花槍。

目前，武術作為體育運動項目，槍術是長器械主要項目之一。除了由原國家體委編訂的甲、乙級槍和初級槍，還有一些傳統槍術套路，如梅花槍、鎖口槍、斷門槍、陰把槍等。

二、槍術器械的規格及各部位名稱

槍術器械中除白蠟杆製的長槍以外，還有雙頭槍、雙槍、大槍等。這裡介紹的是最常見的單頭長槍。

長槍主要分為槍頭、槍纓、槍身、槍把四個部分（圖1）。

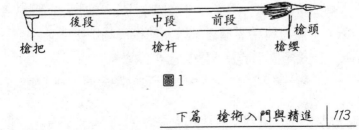

圖1

槍頭：約 10～20 公分之間，尾端空心，便於插入槍杆，兩側有一孔，便於緊固在槍杆上。

槍纓：多用馬尾加工後，染為紅色製成，紮繫於槍頭與槍杆的交接處。

槍身：自槍頭末端到槍把之間的木杆。可分為前段、中段、後段。

槍把：槍杆末端 15～20 公分。通常要求直徑粗於槍身，以便握把時滑脫。

武術競賽中對槍的長度、槍杆的直徑作了明確的規定：

1.槍的全長不得短於本人直立直臂上舉時，從腳底到指端的長度。

2.槍纓的長度不得短於 20 公分。

3.槍杆中線以下任何部位的直徑，不得少於如下規定：

18 歲以上男子：2.30 公分。

18 歲以上女子：2.15 公分。

12～17 歲男子：2.15 公分。

12～17 歲女子：2.00 公分。

不滿 12 歲者：不受限制。

三、一般握槍方法

握槍與握棍有所不同，通常右手握於槍把，為後手；左手握於槍杆中段，為前手。槍諺中說：「前手如管，後手如鎖。」意指前手要鬆活，以便前後滑動；後手要握緊於把端，出槍至前手觸及後手為止。

一般持槍方法：雙手將槍杆緊貼腰腹間，右手置於右腰

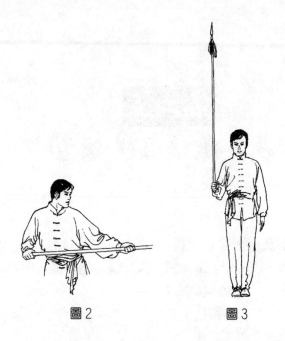

圖2　　　　　圖3

側，左手於前方，兩臂微屈（圖2）。

　　單手持槍通常以右手緊握槍把，屈臂直立於右側或體前方（圖3）。

　　握槍的把法基本與棍的把法相同。虎口朝向槍頭一端為陽手握法，虎口朝向槍把一端為陰手握法。四指與拇指握緊為滿把；四指握槍呈螺形為螺把；以拇指與食指握槍於虎口，為鉗把。鬆握槍杆並沿槍杆滑動，為滑把。兩手調換握槍前後的部位，為換把。

　　一般情況下，右手滿把陽手握槍把，左手隨動作的變化自如，上下滑動。

第二章
基本槍法及其练習

　　基本槍法中主要包括扎、攔、拿、劈、點、崩、挑、纏、穿、撥、絞、掃、架、摔、拋、掄、縮、撞、舞花等槍法，以及戳、挑、撩、橫擊等把法。

　　下面一一介紹各種槍法的攻防用意、動作方法、練習方法、易犯錯誤及糾正方法。

一、扎　槍

　　槍法用意：屬槍的最主要、最基本攻擊方法。以槍尖直刺對方身體各部。刺肩部以上為上槍，膝部以下為下槍。水平刺槍為平槍，槍杆高與胸齊為上平槍，在胸腰之間為中平槍，與腰齊為下平槍，離地 20 公分左右為低平槍。

　　「中平槍，槍中王」。我們主要介紹中平槍，其他各種扎槍也就容易掌握。

　　【動作】

　　1.兩腿屈膝半蹲，成半馬步，左腳尖與槍尖同方向，兩手握槍，右手與槍杆緊貼腰間，左手螺把握槍杆中部，臂微

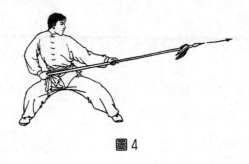

圖4

屈;目視槍尖（圖4）。

　2.重心前移，右腿蹬直，成左弓步；同時右手向前送槍，使槍杆沿鬆握的左手滑動，向前方平扎，力達槍尖（圖5A、B）。

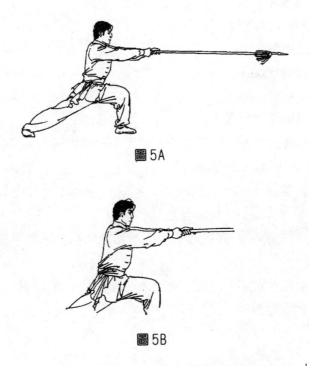

圖5A

圖5B

【要點】

1.右手送槍與右腿蹬直、向右轉腰用力要一致，使力傳至槍尖。

2.槍身要平直向前扎出。

3.後手須觸及前手。

【練習方法】

1.按動作要求反覆練習。

2.左腳撤步，左轉身 180°；同時槍收回腰間；然後向前扎出。

3.確立目標做中平槍、上扎槍、下扎槍，反覆進行。

4.結合攔、拿槍進行扎槍，反覆進行。

【易犯錯誤】

1.扎槍無力。

2.聳肩。

3.槍杆離腰。

4.槍身不平。

【糾正方法】

1.強調手與腰腿的配合，後手與前手相碰，最後動作要有爆發力，使槍杆顫動。

2.槍扎出後，自我檢查一下是否聳肩。反覆中如仍聳肩，先減輕用力，使肩部注意放鬆。

3.注意右手要緊靠在腰上，出槍和抽回都注意右手觸及腰部。

4.左手固定好位置，扎出後檢查是否偏高或偏低，或設好目標進行練習。

二、單手平扎槍

槍法用意：同扎槍。當雙手扎槍後，右側又遇敵，即刻將槍折回，單手扎出，迅速攻擊對方。

【動作】

1.預備姿勢可成左弓步扎槍（圖6）。

2.左手稍向後滑握，將槍向上、向右繞行折回，兩前臂在胸前交叉；同時左腳裡扣，身體右轉成馬步（圖7）。

圖6

圖7

圖8

3.左手鬆開，右手握槍把向右平扎（圖8）。

【要點】

右臂與槍杆成一直線，力達槍尖。

【練習方法】

1.結合弓步扎槍進行練習。單手扎槍後即上左腳做弓步扎槍——右轉折回再向身右側平扎。如此反覆進行。

2.歇步雙手持槍，然後上右步做單手扎槍。

【易犯錯誤】

1.臂力不夠，槍扎不出。

2.方向偏高或偏低。

【糾正方法】

1.增強臂力。

2.扎出要快。

圖 9

三、攔槍、拿槍

槍法用意：均為防禦性方法。攔槍主要用於當對方持械直刺時，由裡向外攔格（逆時針）；拿槍主要用於對方直刺時，由外向裡拿壓（順時針）。

【動作】

1.雙手持槍，貼緊腰部，成半馬步（圖9）。

2.以左手為主，使槍前段由裡向上、向外繞行，槍尖繞一20公分直徑的圓弧（圖10A、B），為攔槍。

3.　以左手為主，使槍前段由外向上、向裡、向下繞行

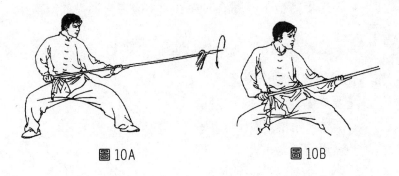

圖 10A　　　　　　　　　圖 10B

圖 11A

圖 11B

槍尖繞一 20 公分直徑的圓弧（圖 11A、B），為拿槍。

【練習方法】

1.半馬步持槍，做攔槍的單個動作。反覆練習。

2.半馬步持槍，做拿槍的單個動作。反覆練習。

3.半馬步持槍，做攔槍、拿槍複合動作的反覆練習。

4.半馬步持槍，做攔槍、拿槍、扎槍複合動作的反覆練習。

5.配合上步（蓋步上步或插步上步）做行進間的攔、拿、扎槍的連續動作練習。

【要點】

1.攔槍、拿槍要有力，配合右手與腰部的力量。

2.繞圓弧不要太大。

3.攔、拿、扎槍複合動作是槍術中重要的基本槍法，應重點下功夫練習。

【易犯錯誤】

1.兩手用力不協調，槍尖未出現圓弧動作。

2.動作幅度太大，鬆散無力。

【糾正方法】

1.以槍尖繞行進行自我或相互檢查，體會兩手與腰的協調用力。

2.對方用槍或棍假設進攻，以攔、拿防禦，體會勁力。

四、挑槍、劈槍

槍法用意：均屬攻擊性方法。挑槍主要用於挑擊對方腋部，挑脫其手中器械；劈槍主要用於劈擊對方頭部、肩部、臂部。

【動作】

1.半馬步雙手持槍（圖12）。

圖12

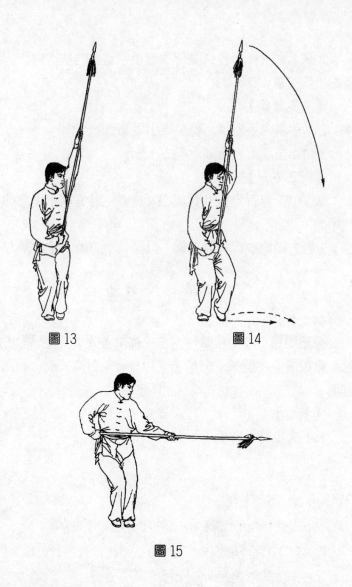

圖 13

圖 14

圖 15

　　2.左腳撤回於右腳旁，成左丁步；同時以左手為主由前
向上挑起（圖13），為挑槍。

　　3.左丁步不變，槍身直立，舉於頭上方（圖14）。

棍術、槍術入門與精進

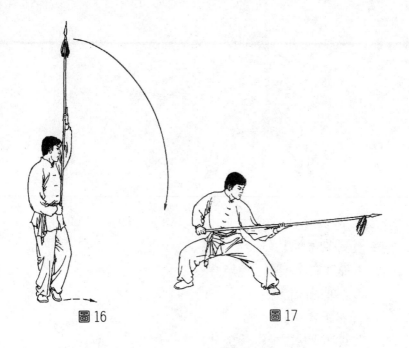

圖 16　　　　　　　圖 17

　　4.左腳向前跨一大步,右腳隨之靠於左腳旁,成右丁步;同時以左手為主,使槍由上向下劈擊(圖15)。

　　5.舉槍時左手心向後,劈下時手心朝上為反劈槍(圖16、17)。

【要點】

1.左手臂不可彎曲太大,保持伸直微屈。

2.上挑和下劈時要有力,力達槍尖和槍杆前段。

【練習方法】

1.挑槍單個動作反覆練習。

2.劈槍單個動作反覆練習。

3.挑、劈複合動作反覆練習。以此為重點。

4.反挑與反劈的複合練習。

圖 18

【易犯錯誤】

1.幅度太小，劈、挑無力。

2.手臂過於伸直。

【糾正方法】

1.假設一目標進行練習。

2.由同伴配合進行練習，但要注意只須到位，不可傷及對方。

五、點　槍

槍法用意：屬攻擊性方法。主要以槍尖點擊對方腕部，破壞其進攻能力。

【動作】

1.半馬步雙手持槍於腰間（圖18）。

2.右腳上步靠於左腳旁，成右丁步；同時右手將槍向前送，左手鬆握滑把至槍杆後段，兩手合力上抬，使槍尖突然向下點擊（圖19）。

圖19

【要點】

1.送槍滑把與向下點槍，兩者銜接要緊，不可分開。

2.向下點槍短促有力，幅度不要太大。

【練習方法】

1.按動作要求單個動作反覆練習。

2.與崩槍一起成複合動作，反覆練習。

3.與纏槍、點槍一起成複合動作，反覆練習。

【易犯錯誤】

1.力點不準，無短促力。

2.與劈槍不分，下點不明顯。

【糾正方法】

1.強調滑槍後的兩手腕動作。

2.由同伴幫助設一目標，進行點槍練習。

圖20

六、崩　槍

槍法用意：屬先攻後防方法。主要用於對方直線攻時，以崩槍打落對方的器械，或迫使改變方向。

【動作】

1.以右丁步點槍為預備姿勢（圖19）。

2.右腳後撤一步，重心移至右腿，成左虛步；同時左手鬆握，右手抽槍把於腰側，近完成時，左手猛然握緊槍杆，以兩手合力，使槍杆前段向上崩顫（圖20）。

【要點】

1.左手由鬆握到緊握，時機要掌握好。

2.須由柔而剛，用爆發力。

【練習方法】

1.可先採用右腳後撤，左腳隨後併步於右腳，做站立崩槍，反覆進行。

2.按動作由點槍到虛步崩槍，反覆進行。

3.右腳撤步時可騰起後跳，兩腳依次落地成歇步時做崩

圖 21

槍。

【易犯錯誤】

1.崩槍時兩手配合不當，無爆發力。

2.動作僵硬，槍杆不產生震顫。

【糾正方法】

1.先做併步站立的崩槍（練習 1），著重體會兩手的合力配合時機。

2.同伴用棍假設一正面進攻點，練習崩槍攔擊，體會力點。

七、纏　槍

槍法用意：屬先防後攻方法。主要用於絞纏住對方器械後再做扎槍或點槍等方法的進攻。

【動作】

1.兩腳前後開立，雙手持槍於腰間為預備姿勢（圖21）。

2.右腳向前跨一步於左腳前方；同時左手鬆握，右手將

圖 22

圖 23

槍略向前送，使右手持槍把於體前；以右手為主，左手為輔，使槍尖做立圓繞行。沿順時針方向為順纏，沿逆時針方向為逆纏（圖 22、23）。

【要點】

1.兩手用力要柔和，槍頭和槍把繞圓不同步。

2.左手為支點，右手為主；但左手與腰要配合右手轉動，不可固定不動。

3.繞圓高不過肩，低不過胯，約 30～40 公分直徑。

【練習方法】

1.兩腳前後站立，左腳在前，做原地站立纏槍。

圖24

2.按動作做行進間纏槍，可進可退，一步一纏。

3.做纏槍數圈後，即點槍或扎槍的複合練習。

【易犯錯誤】

1.動作僵硬，槍把與槍頭同時繞圓。

2.槍頭未出現立圓繞行。

【糾正方法】

1.先原地站立練習，注意左手、身體與右手配合的柔勁。

2.由同伴在槍頭前伸一木棒，要求必須繞棒纏繞。

八、穿槍（穿腰、穿喉）

槍法用意：屬邊閃躲邊攻擊的方法。主要用於變換進攻方向，或出其不意擊打對方。

【動作】

1.兩腳開立，陰把握槍，右手近於槍纓，左手握於槍杆前段（圖24）。

圖 25

圖 26

圖 27

2.右手握槍，使槍頭順腹前向右抽；左手鬆握滑把，重心右移成右弓步；槍撞扎於體右側（圖25）。

3.右手屈肘向左抽槍，左手鬆握滑把，同時成左弓步；

圖28

使槍滑於左側前方，高與肩平（圖26）。

4.頭部和上體後仰，右手轉換為陽手握近槍纓處（圖27）。

5.上動不停。右手向右抽槍；左手鬆握滑把，使槍頭穿過喉前向右側平刺（圖28）。

【要點】

1.左手要鬆活，右手抽拉槍要快速自如。

2.穿槍時要貼近所穿部位，運行走直線。

【練習方法】

1.先原地練習右手抽拉槍和左手的滑把。

2.穿腰槍單個動作練習。

3.穿喉槍單個動作練習。

4.穿腰、穿喉複合動作練習。

【易犯錯誤】

1.穿槍不流暢。

2.穿槍離腰、離喉等所穿部位空隙過大。

【糾正方法】

1.做原地抽拉、滑把的適應性練習。

2.由慢到快，注意穿槍時貼近所穿的部位。

九、背後穿槍

槍法用意：屬遠距離進攻的過渡性方法。可用於追擊時的進攻。

【動作】

1.兩腳開立，兩手持槍於腰間（圖29）。

2.右手握槍屈肘使槍上抬於胸前；同時以掌心貼住把底端，內旋腕，變為陰手握把（圖30）。

3.右手繼續內旋，並將槍把直臂撤向右側方（圖31）。

4.兩手向上托槍，將槍杆過頭，置於身背後（圖32）。

5.左手鬆握，右手用力頂推槍把，使槍沿背後穿出（圖33）；右腳上一步，以左手接住槍把（圖34）。

圖29

圖 30

圖 31

圖 32

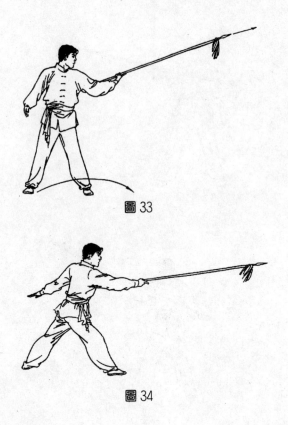

圖33

圖34

【要點】

1.右手旋腕動作要敏捷自如。

2.背後穿槍宜直線運行，右手頂推力和左手摩擦力要控制適當。

【練習方法】

1.先做原地背後穿槍的反覆練習。

2.先以左手抓握槍把，過渡到右腳上步，右手抓握槍把。

3.在擊步或奔跑中背後穿槍。

4.穿槍後接攔、拿、扎槍的複合動作練習。

【易犯錯誤】

1.旋腕背槍動作不連貫。

2.右手用力過大，槍落地。

3.右手用力過小，槍未完全穿出，未超過身體而影響左手接住槍把。

【糾正方法】

1.加強原地基本技術的練習。

2.先練左手抓把，逐步加大用力，以右手接槍。

3.先穿向斜上方，便於接槍，逐漸接近水平穿出。

十、撥　槍

槍法用意：屬進攻性方法。主要用於撥擊膝部以下，或肩部以上，攔撥對方，為進攻排除障礙。

【動作】

1.兩腳開立，兩手持槍於身前，槍尖斜向下，離地面20公分（圖35）。

圖35

圖 36

圖 37

2.右腳經左腿後方向左插步；同時左手握槍微向槍前端滑把；右手配合用力，使槍尖向左撥動（圖 36）。

3.左腳向左移一步；同時左手握槍微向槍後端滑把；右手配合用力，使槍尖向右撥動（圖 37）。

【要點】

1.此槍法可在連續移動中進行。

2.槍的撥動要輕快、平穩，幅度不要太大。

【練習方法】

1.按動作要求一步一撥，來回左右撥槍。

2.逐步加快移動步伐或改變移動方向。

3.按動作要求將槍身置於胸、腰之間的高度撥槍，步法相同，為平撥槍。

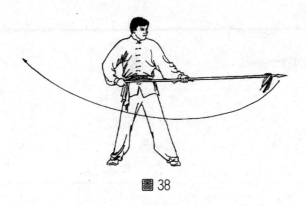

圖38

4.按動作要求，槍尖稍高於頭部，步法相同，為上撥
槍。

【易犯錯誤】

1.撥槍不平穩。

2.動作僵硬。

3.幅度太大。

【糾正方法】

1.注意左手移動在一個高度，右手相對固定。

2.由慢到快，左手不要握死。

3.撥動要跟上較快移動的步伐，就會使幅度減小。

十一、雲撥槍

槍法用意：屬防守、進攻兼用的方法。主要防禦上方進
攻後進行的反擊或攔截。

【動作】

1.兩腳前後開立，兩手持槍於腰間（圖38）。

圖 39

圖 40

　　2.身體右轉；同時左手握槍向槍後端滑把；右手握槍上
提與胸高，兩手用力使槍由左向右平轉（圖 39）。

　　3.上動不停。兩手繼續使槍在頭上方平轉（圖 40）。

　　4.上動不停。兩手繼續使槍在頭上方繞行；身體隨右
轉，左腳向前上一步，左手用力向右推撥槍杆，至右前方
時，用力抓握槍杆（圖 41）。

圖 41

【要點】

1. 動作要連貫,雲槍要平。

2. 平撥時要有力,使槍杆震顫。

【練習方法】

1. 先原地進行,然後配合左右上步。

2. 配合轉身半周或一周做雲撥槍。

【易犯錯誤】

1. 左手未及時滑把,形同平掄。

2. 動作僵硬,不連貫。

3. 雲撥時槍身不平。

【糾正方法】

1. 先慢動作,柔和用力。

2. 由同伴檢查提示進行練習。

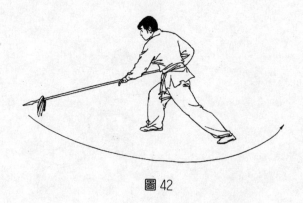

圖 42

圖 43

十二、掃　槍

槍法用意：屬攻擊性方法。主要以槍頭掃擊對方膝、踝、腳等部位。

【動作】

1.兩腳開立，兩手持槍，右手於腰間槍尖斜朝下；身體向右扭轉，成右弓步（圖42）。

2.身體再向左轉180°，右腿全蹲，成左仆步；同時，使槍前端由右接近地面向左平掃（圖43）。

【要點】

1.掃槍要平,不可忽高忽低。

2.邊掃左手邊向前端滑把,右手向右側拉開。

3.動作要迅速有力。

【練習方法】

1.可先做兩腿開立半蹲,向左右平掃。

2.由半蹲到全蹲位,左右平掃。

3.由半蹲到併步全蹲,左右平掃一周。

【易犯錯誤】

1.掃槍不平。

2.速度太慢。

【糾正方法】

1.注意左手或右手前滑時要控制槍尖的運行。

2.設一低目標的軟物,要求槍前端必須碰到目標。

3.注意轉身與掃槍的配合用力。

十三、拉　槍

槍法用意:過渡性槍法。主要用於劈、點槍的準備和過程。

【動作】

1.預備姿勢與掃槍預備勢相同(圖42)。

2.上體向左轉90°;左腳收於體前方成前點步;同時使槍由右向左平拉,左手鬆握滑把於槍身中段,右手屈肘提於右胸前(圖44)。

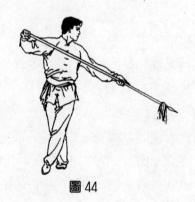

圖44

【要點】

1.手、腳、槍的動作要協調一致。

2.槍杆要貼身，拉的動作不要過大。

【練習方法】

1.按動作方法練習單動作。

2.與劈、點槍連成複合動作練習。

【易犯錯誤】

1.拉槍不近身。

2.動作不穩。

【糾正方法】

注意滑把與轉身的配合。

十四、拖　槍

槍法用意：屬主動退守的方法。多用於佯裝敗勢，在後撤中伺機殺「回馬槍」。

圖 45

圖 46

【動作】

1. 兩腳開立，右手持握槍把，將槍置於體右側，槍尖觸地。

2. 右腳向左側前方蓋步，連續向左前方行步，槍尖貼地隨體移動（圖 45、46）。

【要點】

身體要向右側轉，目視槍尖，成撤退之勢；左手置於右腋前，以隨時準備握槍。

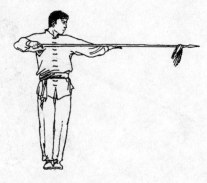

圖47

【練習方法】

1.按動作和要點做拖槍連續行步的練習。

2.在拖槍中接做回身劈槍、點槍的練習。

【易犯錯誤】

1.拖槍不穩，上下或左右晃動。

2.上體動作呆板。

【糾正方法】

1.注意右手部位基本固定。

2.假設由同伴進攻，佯裝拖槍敗退，然後回身劈槍。

十五、托槍、架槍

槍法用意：屬防禦性的方法。主要用於托、架對方擊來的器械。

【動作】

1.併步或開步站立；右手持槍屈肘於胸前；左手上托槍杆中段，托平時緊握，為托槍（圖47）。

圖48

2.預備勢為半馬步雙手持槍，右腳向右後撤半步成右弓步；同時兩手持槍經面前向頭上方右斜舉架（圖48）。

【要點】

1.托槍時槍杆要平，槍尖要震顫有力。

2.架槍要迅速，左手要滑把拉開。

【練習方法】

按動作要求體會完成動作，反覆練習。

【易犯錯誤】

1.托槍不平，無力。

2.上架的位置不當。

【糾正方法】

由同伴假設進攻，托、架對方擊來器械。

十六、撲槍、摔槍

槍法用意：屬進攻性方法。主要用於劈擊對方，或在降低重心變換方法時的一種過渡。

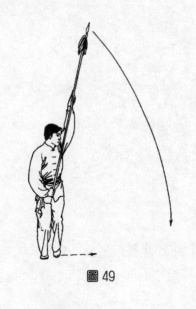

圖 49

圖 50

圖 51

圖52

【動作】

1.兩手持槍立舉於體左側，成左丁步（圖49）。

2.由上向下劈槍；同時右腿全蹲，左腳出步平仆成左仆步，使槍身接近地面（圖50）。為撲槍。

3.兩腳開立，兩手持槍橫舉於頭上（圖51）。

4.右手用力下劈，右腿屈膝成右弓步；使槍身平摔落地（圖52）。

【要點】

1.撲、摔均要使槍身平落。

2.摔槍要迅速有力。

【練習方法】

1.按動作和要點做單動作練習。

2.撲槍後可結合低平槍向前扎出；摔槍可結合拋槍練習（見後）。

【易犯錯誤】

撲槍和摔槍不平，槍前端先落。

【糾正方法】

先做慢動作進行檢查，逐步提高速度和用力程度。

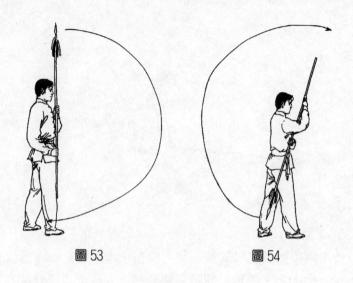

圖53   圖54

十七、立舞花槍

槍法用意：屬防禦性的方法。主要是對對方攻擊目標不明時，在防禦中伺機進攻。

【動作】

1.雙手陽手握槍於槍杆中段，左手在上，槍身直立於體前右側（圖53），兩腳微前後開立，右腳略前。

2.雙手用合力使槍尖向下、向體右側繞圓（圖54）。

3.上動不停。雙手使槍把向體左側下方繞行，槍尖在體右側後方向後、向上繞行（圖55）。

4.上動不停。雙手使槍繼續在體左側繞轉一周，使槍尖又轉至體上方（圖56、57）。

5.上動不停。雙手使槍尖由上向前、向右下方繞行（圖58）。

圖 55

圖 56

圖 57

圖 58

6.上動不停。雙手繼續使槍尖向上繞行半周，即達動作1的部位（見圖53）。以此循環左右舞花。

【要點】

1.左手在舞花時注意掌鬆握，為鉗把握槍，才能使舞花靈活自如。

2.切記向體左側為槍把一端下掛，向體右側為槍尖一端下掛。

3.舞花時，槍杆要成立圓，盡量靠近身體。

【練習方法】

1.原地左右立舞花，按動作、要點先體會路線和要領。

2.行進間做上步舞花。

3.行進間做退步舞花。

【易犯錯誤】

1.未握中段，兩頭力量不均。

2.槍離身體兩側太遠，不成立圓。

3.槍碰腿。

【糾正方法】

1.由慢漸快。

2.注意兩邊下掛盡量與地面垂直。

3.站在一直線上，或靠近牆練習舞花。

十八、平舞花槍

槍法用意：屬防禦性的方法，主要防禦對方攻擊上部，並在防守中伺機進攻。

圖59

圖60

【動作】

1.兩腳開立；左手持槍於左側平舉；右手從左腋下反握槍身，槍身平置在左腋下（圖59）。

2.左手握槍用力向右肩上方弧形擺動，右手握槍向左前用力；兩手同時使槍由左向右上繞弧形（圖60）。

3.上動不停。左手握槍繼續由右肩上向後、向左擺動；右手擺至右上方，將槍橫舉於頭上方（圖61）。

4.上動不停。左手握槍擺至右胸前，向左上方擺動，使槍尖繼續向後、向右弧形繞行（圖62）。

5.右手握槍繼續向右平擺，使槍尖繼續向後繞行（圖63）。

【要點】

1.兩手握槍要鬆活，槍身要平。

2.舞動時槍身在頭頂上平圓繞動，要連續、協調。

【練習方法】

1.原地按動作路線、方法、要求體會動作。

2.左右連續接做平舞花槍。

3.行進間左右轉身，做平舞花槍。

【易犯錯誤】

1.槍身繞動不成平圓、無力。

2.握槍僵硬、槍運行不圓滑。

【糾正方法】

1.握槍要平、轉動要圓、協調。

2.握槍力度適中，先放鬆體會動作，待熟練後再用力。

十九、過背槍

槍法用意：屬過渡性動作，用以接出其不意的攻擊動作。

【動作】

1.雙手陽手握槍中段，左手在上，槍直立於體前右側；

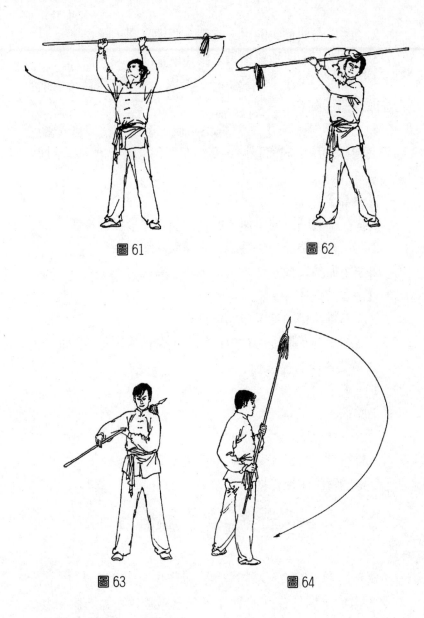

圖61

圖62

圖63

圖64

兩腳前後開立（圖64）。

2.雙手用力使槍尖向下、向體右側繞立圓（圖65）。

3.上動不停。使槍繼續繞立圓（圖66）。

4.上動不停。左手鬆把，右手握槍，使槍背於背上，槍把在頭左側（圖67）。

5.上動不停。右手用力將槍向後上方甩起，身體微前傾，使槍從左肩上向前翻過，隨即左手在身前接槍，右手握槍（圖68）。

【要點】

1.槍在繞圓時，要快速、連貫、槍身盡量靠近身體。

2.右手發力要及時、協調、身體微前傾。

3.左手抓槍要準、穩。

【練習方法】

1.左右舞花槍練習，接過背槍。

2.行進間舞花槍接過背槍再接上步劈槍練習。

【易犯錯誤】

1.槍翻不過背。

2.脫把。

【糾正方法】

1.舞槍時要快速，背槍右手後甩要協調。

2.槍過背時留出槍把。

二十、縮槍、撞槍

槍法用意：縮槍，屬防守性的動作，主要是避躲對方的攻擊。撞槍，屬進攻性的動作，在近距離攻擊對方胸、腹部。

圖65

圖66

圖67

圖68

圖 69

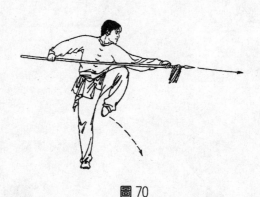

圖 70

【動作】

1.半馬步持槍（圖69）。

2.重心後移，左腿屈膝提起；同時，右手用力向後抽槍，左手直臂滑把至槍纓處；隨機右手從把端向杆中滑進，槍平置於胸、腹前（圖70）。

3.左腳落步成左弓步；雙手握槍，用力前撞，為撞槍（圖71）。

圖71

【要點】

1.右手抽槍，滑把要利索。

2.撞槍力要達槍尖。

【練習方法】

1.按動作方法、要點練習。

【易犯錯誤】

1.右手抽拉滑把和左手滑把不利索。

2.撞槍力點不清。

【糾正方法】

1.按要領反覆練習抽拉滑把動作。

2.對準目標物，練習撞槍。

二十一、戳把、橫擊把

槍法用意：屬近距離進攻動作，主要用槍把戳、橫擊對方頭、胸、肋、腹等部位。

圖 72

圖 73

【動作】

1.半馬步持槍（圖72）。

2.左腳向右腳後撤步成叉步；同時左手握槍向右推送，右手隨之向槍杆中段滑動。向右戳把為右戳把，力達把端（圖73）。

3.半馬步持槍（圖74）。

4.左腳向右側方邁步；同時右手握槍向後抽拉、左手順勢前滑握（圖75）。

5.右腳向前上一大步，成右弓步；同時雙手用力使槍把

圖 74

圖 75

圖 76

由後向前、向左橫打；同時右手微向後滑把，力達槍把前段
（圖 76）。

【要點】

1.戳把要力達把端，用力迅猛。

2.橫擊前，右手略向斜下方抽槍；左手略向前段滑把；橫擊時，右手略向中滑把，然後握緊，以加長進攻距離。

【練習方法】

1.原地左右戳把、橫擊把練習。

2.結合弓步、馬步步型及步法組合練習。

【易犯錯誤】

1.戳把、橫擊無力，力點不準。

2.戳把時，槍離身體太遠。

【糾正方法】

1.按照動作要求慢速練習，體會動作。

2.設置一個目標物，用力擊打。

二十二、挑　把

槍法用意：屬近距離進攻性動作，主要以槍把挑擊對方。下可挑襠；上可挑下頜。

【動作】

1.前後開立步持槍（圖77）。

2.重心後移，左手換陰手握把於槍身中前段，右手滑握於槍身中後段（圖78）；屈膝左腳提起，同時兩手使槍把由後經體側向前、向上挑出，力達把端（圖79）。

【要點】

槍要靠近身體，兩手一上一下用合力。

圖 77

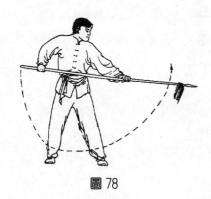

圖 78

圖 79

【練習方法】

1.原地左右挑把。

2.可結合弓、馬步等步型練習。

【易犯錯誤】

1.挑擊無力。

2.槍離身體太遠。

圖80

【糾正方法】

1.假設一目標，反覆對準目標用力挑擊。

2.先練慢動作，注意槍的運行。

二十三、摔　把

槍法用意：屬遠距離攻擊方法，主要用於劈擊對方頭、肩等部位。

【動作】

1.兩腳前後開立。身體右轉，右手握於槍纓處，在手背後握槍，槍身直立貼靠身體後背（圖80）。

2.身體重心左移，成右仆步；右手握槍用力由上向下劈擊；左手後側平舉（圖81）。

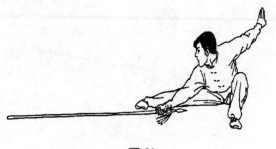

圖 81

【要點】

摔把要迅速有力，槍身要平落。

【練習方法】

1.按動作方法和要求練習。

2.摔把後可按拋槍組合練習。

3.原地蹬地而起，轉體 180° 摔把。

【易犯錯誤】

摔把槍身不平，槍把先著地。

【糾正方法】

先慢動作練習，逐步提高用力速度和力度。

二十四、涮　槍

槍法用意：屬遠距離攻擊性的方法，主要以槍尖、槍把掃擊對方胸、頭等部位。

【動作】

1.半馬步持槍站立（圖82）。

2.右腳向前蓋步；右手換陰手握把，用力向後抽槍；左

圖 82

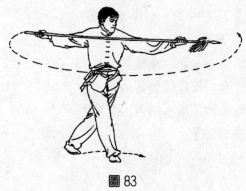

圖 83

圖 84

圖 85

圖 86

手前滑（圖 83）。

　　3.左腳前上一步；同時右手用力使槍由後向前平掃，雙
手滑握於槍纓處（圖 84）。

　　4.身體微右轉，右手向後抽槍；左手向把端滑把；雙手
平握槍身（圖 85）。

　　5.右腳前上一步；同時右手用力向左手處滑推，使槍平
掃（圖 86）。

圖87

6.左腳前上一步；右手向後拉槍；左手向槍尖滑把（圖87）。

【要點】

1.槍身要平，不可忽高忽低。

2.握把要鬆活自如，不要握得太死。

3.涮槍時左手前滑把，右手向後抽拉，向前推送滑把時要有力且連貫。

【練習方法】

1.按動作方法和要求練習。

2.行進間跑動涮槍練習。

【易犯錯誤】

1.槍身運行不平。

2.動作不連貫、不利索。

【糾正方法】

1.按要求先慢速練習，注意雙手控制槍的運行。

2.原地左右手進行滑把練習。

圖88

圖89

二十五、拋接槍

槍法用意：過渡性的動作，可接出其不意地攻擊對方的動作。

【動作】

1.右弓步站立；右手握槍把，左手後側平舉，槍身平仆於地（圖88）。

2.身體立起，右手持槍微上舉，槍尖略高於手（圖89）。

圖90

圖91

3.右手用力將槍把向前上方拋起，使槍身向前翻轉半周
（圖90）。

4.右手抓握槍纓處（圖91）。

【要點】

1.拋槍立圓不得超過半周，抓接握槍要準確及時。

2.右手拋槍用力要適度。

圖92

【練習方法】

1.按動作方法要求練習。

2.可連續拋接槍把、槍前端。

3.仆步摔槍再接拋槍動作，連續練習。

【易犯錯誤】

1.槍翻轉超過半周。

2.拋槍太高或太低。

3.脫把、掉槍。

【糾正方法】

1.右手用力要適度，向前上拋起。

2.反覆按照要求仔細體會動作。

3.抓槍時要看準槍的方位，多練習體會。

二十六、翻身下扎槍

槍法用意：屬進攻性動作，目的在於攻擊身後之對手。

【動作】

1.左弓步持槍（圖92）。

2.右腳上前一步，兩手用合力，使槍向上挑起（圖93）。

3.體左後轉翻身，左腳向左移半步，成左弓步；同時右手握槍用力向前下方扎出，槍尖著地，左手後側平舉（圖94）。

【要點】

1.翻轉槍械與身體要協調。

2.槍須從肩上直出，力達槍尖。

【練習方法】

1.按動作方法要求慢速練習。

2.按翻身下扎槍要求與攔拿扎槍組合練習。

【易犯錯誤】

1.翻身時，槍離身體太遠。

2.力未達槍尖。

【糾正方法】

1.雙手握槍貼近身體。

2.按扎槍要領反覆練習。

3.設一目標物練習扎擊。

二十七、撩　槍

槍法用意：屬遠距離的攻擊方法，用槍尖向前擊打對方襠、膝等部位。

【動作】

1.前後開立步持槍（圖95）。

2.左腳後移半步，雙手滑握槍杆中段稍靠把端，用合

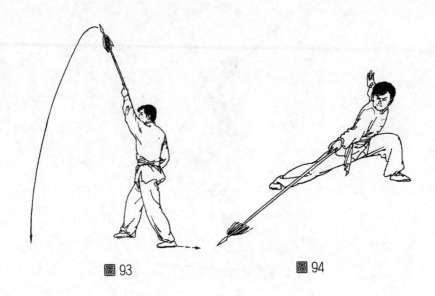

圖 93 圖 94

圖 95

圖 96

圖 97

力，使槍尖由上向後（圖 96）。

　　3.上動不停。經體側向前撩擊，力達槍尖前段。此為右撩槍（圖 97）。

　　4.左邊方法同上，唯方向相反。

　　【要點】

　　1.撩槍時槍運行成立圓，並盡量靠近身體。

　　2.切記槍尖由下向前、向上撩擊。

　　3.右手可微微隨撩出向後滑把。

圖98

【練習方法】

1. 原地左右撩槍。

2. 行進間上步撩槍、退步撩槍。

【易犯錯誤】

1. 槍身觸碰身體或觸碰地面。

2. 槍身離身體太遠，不成立圓。

【糾正方法】

1. 握槍杆中段稍靠後。

2. 由慢到快，注意用腰配合。

3. 可站在一直線上或靠近牆練習。

二十八、繞腿換把穿槍

槍法用意：屬過渡性動作。

【動作】

1. 兩腳開立，雙手持槍（圖98）。

圖 99

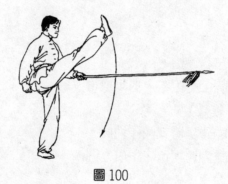

圖 100

圖 101

2.右手用力送槍，左手滑把，握於槍把處（圖 99）。

3.身體左轉，右腳由右向左裡合踢腿，右手準備從襠下接握（圖 100）。

4.上動不停。右手接槍，右腳前落（圖 101）。

【要點】

1.槍要貼近腿部，動作要柔和。

2.腰、腿隨槍轉動，身、步、槍要協調一致。

【練習方法】

1.先按動作方法要求練習。

2.左右腿連續繞腿換把穿槍。

【易犯錯誤】

腿下右手接槍失誤。

【糾正方法】

1.一手抓住槍頭一端幫助固定，進行裡合腿換手。

2.先做右直擺腿，腿下換手；逐步過渡到裡合腿，腿下換手。

第三章
槍術基本組合練習

　　槍術基本組合練習，是由幾個基本槍法與身體動作組合成的練習，以提高槍法的熟練運用和動作連結，為進一步學習套路打下基礎。

　　本章僅根據初學需要介紹如下幾組：

　　第一組： 併步持槍→撤步攔拿扎槍→倒插步攔拿扎槍→跳步攔拿扎槍→回身單手下扎槍

　　1. 併步持槍（圖 102）。

圖 102

2.接上動。右腳向右移半步成半馬步，上體左轉 90°，攔槍（圖 103）；重心前移，拿槍（圖 104）；上體左轉，成左弓步，扎槍（圖 105）。

圖 103

圖 104

圖 105

3.接上動。身體重心上移，同時右腳向左倒插一步，攔拿（圖106）；左腳向左一步，成半馬步，拿槍（圖107）；上體左轉，左弓步扎槍（圖108）。

圖 106

圖 107

圖 108

4.接上動。左腳蹬地，右腿提膝跳起，攔槍（圖109）；兩腳依次落地成半馬步，拿槍（圖110）；上體左轉，左弓步扎槍（圖111）。

圖109

圖110

圖111

5.接上動。右腳向前跨一大步，槍回抽（圖112）；上體向左上翻轉，左腳向右腳後撤步，槍尖上行（圖113）；翻身成左弓步，右手向右前下方、單手下扎槍（圖114）。

圖112

圖113

圖114

第二組：併步下扎槍→弓步架槍→弓步壓槍→轉身下攔槍→半馬步拿槍→弓步扎槍

1.併步下扎槍（圖115）。

2.接上動。右腳向右移一步成右弓步；右手抽槍上架，伴有上攔槍的動作（圖116）。

3.接上動。右手握槍收回腰間，槍杆在體前下壓，伴有拿槍的動作（圖117）。

4.接上動。右腳向左腳併步，槍貼身下攔，身體向左旋轉一周（圖118、119）。

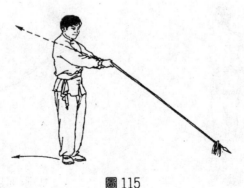

圖115

図 116

図 117

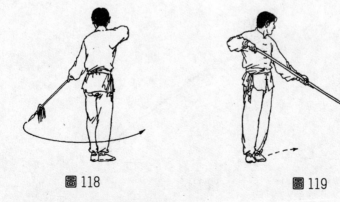

図 118　　　　　　図 119

圖 120

圖 121

5. 接上動。左腳向前邁步成半馬步，做拿槍（圖
120）；重心前移成左弓步，平扎槍（圖 121）。

第三組：半馬步持槍→上步纏槍→回身下攔槍→提膝上
攔槍

1.半馬步雙手持槍（圖 122）。

2.接上動。右腳向前上步，腳尖外展，做逆時針纏槍
（圖 123）；左腳與右腳交替上步，連續纏槍，共三周（圖
124、125）。

圖 122

圖 123

圖 124

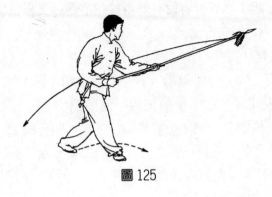

圖 125

3.接上動。左腳上一大步，向左後下方做攔槍（圖
126）。

4.接上動。右腿屈膝提起，槍由左向右前上方做攔槍
（圖127）。

圖 126　　　　　　　　圖 127

第四組：半馬步持槍→仰身撩把前踢→叉步後撞槍→背槍翻腰→仆步摔把

1.半馬步雙手持槍（圖128）。

2.接上動。身體微起，右手向後抽槍（圖129）；左手滑握槍身前部，右手使槍把由下向前撩出，滑握至左手前（使槍把倒頭），同時上體後仰，右腳前踢（圖130）。

3.接上動。右腳向後落步，兩手換握，右手握於近槍頭處（圖131）；左腳向後倒插成叉步，右手向右下方撞槍，左手滑把（圖132）。

圖 128

圖 129

4.接上動。兩手將槍身橫背於兩肩背後（圖133）；向左上方翻腰（圖134）。

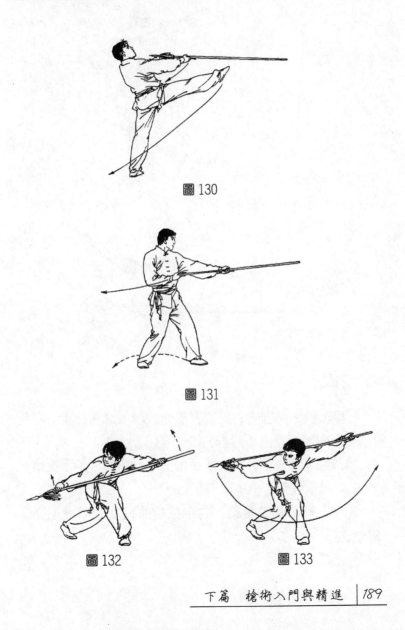

圖 130

圖 131

圖 132

圖 133

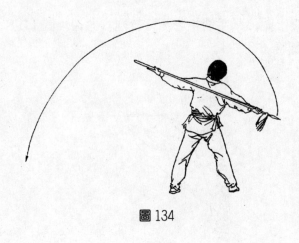

圖 134

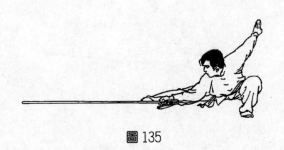

圖 135

5.接上動。左腳向右側後方撤一大步，成右仆步，右手握槍由上向地面摔把（圖 135）。

第五組：半馬步持槍→陰手滑把槍→轉身弓步下撞槍

1.半馬步雙手持槍（圖 136）。

2.接上動。身體微起，右手抽槍並換為陰手握把（圖 137、138）。

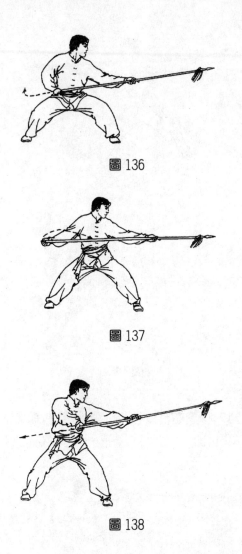

圖 136

圖 137

圖 138

3.接上動。右手向右拉開（圖 139）；左手用力，右手鬆握滑把，使槍把向右側上方穿出，右手握槍身前段（圖 140）。

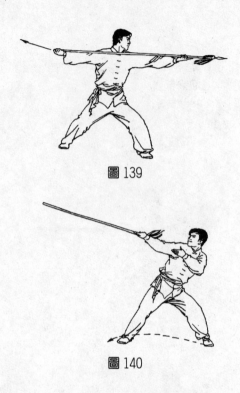

圖 139

圖 140

4.接上動。身體右轉，左腳上步落於右腳旁，左手接握
槍身前段（圖 141）；右腳向後邁一大步成右弓步，右手向

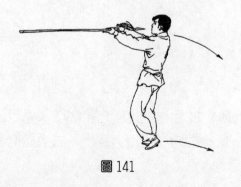

圖 141

圖 142

右前下方撞槍，左手鬆握滑把於槍身後段（圖 142）。

第六組：弓步下撞槍→穿喉槍→上步背後穿槍→接槍弓步攔拿扎槍

1. 弓步下撞槍（圖 142）。

2. 接上動。身體立起，右手向左送槍，左手鬆握滑把至近右手處（圖 143）；向右做穿喉槍（圖 144、145）。

圖 143

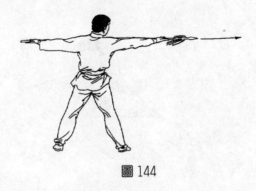

圖144

圖145

3.接上動。上體右轉，左手接握槍身中後段（圖146）；左、右腳先後各上一步，右手向後抽槍並轉為陰手握槍把（圖147、148）；槍身橫過頭持於背後（圖149）；左腳上步，右手用力左手鬆握，使槍向前穿出（圖150）。

4.接上動。上兩步，成半馬步，雙手接槍，持槍（圖151）。

5.做攔、拿、扎槍成半左弓步（圖152～154）。

圖 146

圖 147

圖 148

圖 149

圖 150

圖 151

圖 152

圖 153

圖 154

第七組：半馬步持槍→弓步下攔槍→丁步拿槍→後屈腿下攔槍→震腳拿槍→前點步橫崩槍

1.半馬步雙手持槍（圖155）。

2.接上動。重心右移成右弓步，右手握槍把上翻於頭上，使槍尖下攔（圖156）。

3.接上動。右腳向左腳靠攏成右丁步，右手下落於腰腹部，左手配合做拿槍（圖157）。

圖155

圖156

圖 157

4.接上動。右腳後提屈膝，兩手邊上舉邊使槍尖做下攔槍（圖158）。

5.接上動。右腳在左腳旁震腳，兩手下落做拿槍（圖159）。

6.接上動。左腳向前成前點步，右手握槍把於頸、胸前上方，左手滑把後握緊，使槍向左後下方橫崩（圖160）。

圖 158

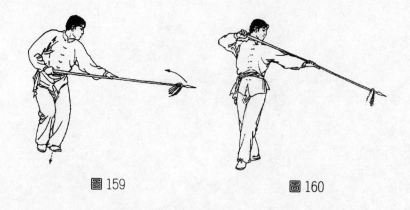

圖159　　　　　　　　　　圖160

第八組：半馬步持槍→繞行步涮槍→併步戳把→弓步攔拿扎槍→虛步崩槍

1.半馬步雙手持槍（圖161）。

2.接上動。兩腳直立，右手向右抽槍把，左手滑至槍身前端（圖162）。

3.接上動。兩手合力使槍把由右向左平涮，右手滑至槍身前段，身體伴同左轉90°（圖163）。

4.接上動。右腳向左前方繞上步，兩手換握，右手向右後方抽槍（圖164）。

圖161

　棍術、槍術入門與精進

圖 162

圖 163

圖 164

5.接上動。左腳向左前方繞上步，兩手合力使槍尖由右向左平涮（圖165）。

6.接上動。右腳向左繞上步，兩手換握，右手握於槍把端，左手於槍身中後段（圖166）。

7.接上動。左腳向右腳併步，左手換陰手握槍身中段，屈於胸前，右手滑把，使槍把向右平戳（圖167）。

圖165

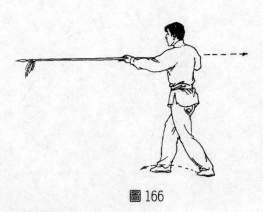

圖166

圖 167

8.接上動。右手滑至把端，兩手握槍成半馬步，做攔、拿槍（圖168、169）和弓步扎槍（圖170）。

圖 168

圖 169

圖 170

9.接上動。左腳回撤半步成左虛步,兩手合力使槍尖上崩(圖171)。

圖 171

第四章
武術段位三段槍術

一、動作名稱

第一段

預備勢

1. 左虛步撥槍
2. 左弓步平扎槍
3. 跳步攔、拿扎槍
4. 挑把轉身拿扎槍
5. 右弓步拉槍
6. 繞上步右弓步平扎槍
7. 插步攔、拿平扎槍
8. 轉身左弓步平扎槍

第二段

9. 併步點槍
10. 上步右弓步推槍
11. 左仆步劈、左弓步平扎槍
12. 馬步蓋把槍
13. 馬步單手平扎槍
14. 退步攔拿、左弓步平扎槍
15. 蓋把舞花轉身扎槍
16. 收　勢

二、套路分析

全套槍術共 16 個動作，主要方法有扎槍（10 次），攔槍（3 次），拿槍（5 次），撥槍（1 次），拉槍（1 次），點槍（1 次），推槍（1 次），劈槍（1 次），挑把槍（1 次），蓋把槍（2 次），舞花槍（1 次）。

其中，攔、拿、扎槍在套路中出現的比例比較高，尤其是扎槍，體現出攔、拿槍法在槍術套路中的重要地位。攔、拿槍時，槍尖須走圓，而扎槍時則須走直，做到槍扎一條線。

本套路共涉及到包括收勢時持槍在內的共十二種基本槍法；涉及有虛步，弓步，仆步，馬步四種步型。

三、動作說明

第一段

預備勢：兩腳併步站立，右手持握槍杆立於身體右側，左手手指併攏下垂貼於褲縫處，頭左轉，目視左方（圖172）。

1.左虛步下撥槍

1）右手握槍隨屈肘上舉，左手虎口朝上在右手上方接握槍杆（圖173）。

圖 172　　　　　　　　圖 173

2）右腿屈膝下蹲，左腳向前上半步成左虛步；同時，
右手向下滑於把端，左手握槍向左後下畫弧，使槍尖向左後
下畫弧成撥槍，目視左方（圖 174）。

【提示】撥槍時，左手要沿槍杆自然滑動至手臂伸直；

圖 174

以腰轉帶動撥槍；上步、撥槍要協調一致。

2.左弓步平扎槍

1）左腳向左側跨一大步，兩腿下蹲成半馬步；同時，右手握把收至右腰側，左手握杆擺至體左側，使槍尖由後下向上、向左側畫弧至水平；目視槍尖（圖175）。

2）右腿蹬直，上體隨即向左轉成左弓步；同時，右手握把向左手處伸出，使槍尖平伸出扎槍；目視槍尖（圖176）。

【提示】半馬步時，左腳尖要向左，身體重心偏於右腿；扎槍時，以蹬腿轉腰之力送槍前伸，左右手靠近，槍身

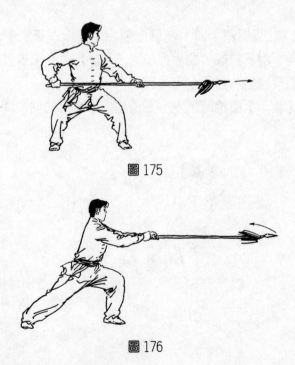

圖175

圖176

與地面平行。

3.跳步攔、拿平扎槍

1）身體右轉成半馬步；同時，右手握把回抽於右腰側，左手鬆滑至槍身中段；目視槍尖（圖 177）。

2）左腿直立，右腿屈膝左上提；同時，右手握把隨屈肘舉至右肩前，使槍尖向上、向外下畫圈拿槍；目視槍尖（圖 178）。

3）左腿蹬地跳起，右腳於左側先落地，隨即左腳向左

圖 177

圖 178

側落步成半馬步;同時,右手握把下落於右腰側,使槍尖向
上、向內下畫圈拿槍;目視槍尖(圖 179)。

4)右腿蹬直,身體向左轉成左弓步;同時,右手握把
向左手處伸出平扎槍;目視槍尖(圖 180)。

【提示】跳起時作攔槍,落步時作拿槍;扎槍要緊接拿
槍後進行;扎槍時,蹬腿、轉腰、送槍要連貫協調,力達槍
尖。

4.挑把轉身拿扎槍

1)右腿屈膝,身體後坐成半馬步;同時,右手握把回
抽槍,右手置於右腰側;目視槍尖(圖 181)。

2)身體左後轉,右腳向左側上一步;同時,右手邊滑

圖 179

圖 180

握邊向下、向左上畫弧，使槍尖向下、向右畫弧；目視槍把（圖182）。

3）身體繼續左後轉，左腿屈膝上提；同時，右手滑至把端上舉，左手下落左側舉起，使槍尖向下、向右畫弧；目視槍尖（圖183）。

4）右腿屈膝下蹲，左腳落步成半馬步；同時，右手握把下落於右腰側，使槍尖向上、向內畫圈作拿槍。目視槍尖（圖184）。

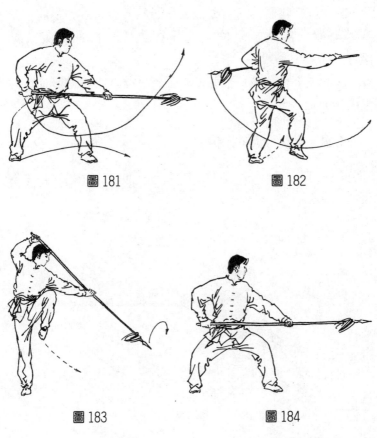

圖181

圖182

圖183

圖184

5）右腿蹬直，身體向左轉成左弓步；同時，右手握把向左手處伸出平扎槍；目視槍尖（圖185）。

【提示】挑把時，槍把貼身走立圓，與轉身要連貫一致；拿槍時，右手用力下壓，使手心朝體後；扎槍時，右腿的蹬伸轉腰送臂要協調一致，力達槍尖。

5.左弓步拉槍

左腳蹬地，身體右轉，身體重心移向右腿成右弓步；同時，右手握把隨體轉向右上畫弧至右肩前，右手心朝前，左手滑至槍身中段，使槍尖向下稍畫弧；目視槍尖（圖186）。

【提示】拉槍時，槍要貼身運行，隨右手拉轉動作，左手稍作內旋下壓。

6.繞上步右弓步平扎槍

1）上體不動，左腳向前方上一步；目視槍尖（圖187）。

圖185

2）以左腳掌為軸，身體向左轉，右腳經左腳前繞行落於左腳後；同時，左手稍上舉，右手握把向下畫弧至腹前，手心朝上，使槍尖由下向上、向內畫弧；目視槍尖（圖188）。

圖 186   圖 187

圖 188

3）右腿屈膝成右弓步；同時，右手握把向左手處伸出平扎槍；目視槍尖（圖189）。

【提示】右腳繞上步的落步要遠，以便完成弓步；繞步與走槍要協調一致；扎槍時，力達槍尖，槍臂須成一直線。

7.插步攔、拿平扎槍

1）上體稍右轉；同時，右手握把回抽槍至右腰側，左手順勢滑至槍身中段；目視槍尖（圖190）。

圖189

圖190

2）左腳向前上一步，緊接右腳向左腳後插步；同時，右手握把隨屈肘上舉至右肩前，使槍頭向上、向外下畫圈攔槍；目視槍尖（圖191）。

3）左腳向左側橫跨一步，下蹲成半馬步；同時，右手握把下落至右腰側，使槍尖向上、向內畫圈拿槍；目視槍尖（圖192）。

圖191

圖192

4）右腿蹬直，身體向左轉成左弓步；同時，右手握把向左手處伸出平扎槍；目視槍尖（圖193）。

【提示】左腳上步，右腳插步要迅速連貫；攔、拿槍要與步法協調一致。

8.轉身左弓步平扎槍

1）左腳蹬地，身體重心後移，右腿直立支撐，身體左轉；同時，左手滑至槍身中部，隨體轉向左下畫弧，右手握把順勢舉至右肩前；目視槍尖（圖194）。

2）左腳落步前弓成左弓步；同時，左手握杆稍上舉端平，右手握把屈肘下落於右腰處，使槍尖向上畫弧至平時向內畫圈，身體左轉，右手握把向左手處伸出平扎槍；目視槍尖（圖195）。

【提示】轉身擺槍時，槍尖向斜下畫弧，落步、扎槍要連貫。

圖193

圖 194

圖 195

第二段

9.併步點槍

1）左腳蹬地，屈膝上提，右腿直立支撐；同時，右手握把回抽槍至胸前，左手握杆稍下落，使槍尖向下畫弧；目視槍尖（圖196）。

2）上體左轉，左腳向前落步，右腳隨即併於左腳旁；同時，左手握杆向下、向後、向上、向前畫立圓，使槍尖隨之畫立圓後，右手握把稍上舉，使槍尖下點；目視槍尖（圖197）。

【提示】左腳的落步，右腳的併步要與槍的運行協調；槍擺至體後時落步，前下點時併步；點槍時，力達槍尖。

圖196

圖 197

10.上步右弓步推槍

1)右腳向右前方上一步;同時,右手稍拉向右側,左手稍前滑握;目視槍尖(圖 198)。

2)左腳向前上一步;同時,右手握把下落至右腰側,手心朝後,左手握杆隨稍屈肘向左上撥動;目視槍尖(圖

圖 198

圖 199

圖 200

199）。

3）右腳繼續向前上一大步，屈膝前弓成右弓步；同時，兩手握槍向前推，右手置於頭右側上方；目視槍尖（圖200）。

【提示】上步運槍要協調，左手握杆要鬆滑；推槍時，左右手同時前伸。

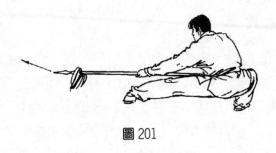

圖 201

圖 202

11.左仆步劈、左弓步平扎槍

1）左腳向前上步，右腿屈膝下蹲成左仆步；同時，左手握杆向左、向上、向內下畫弧，右手握把下收於腹前，使槍杆前段向下劈，與地面接近；目視槍尖（圖 201）。

2）右腳蹬地，左腳前弓成左弓步，上體稍左轉；同時，右手握把向左手處伸出扎槍；目視槍尖（圖 202）。

【提示】劈槍與仆步要同時完成，劈槍前，左肘要先彎曲。

12.馬步蓋把

1）左腳蹬地，身體稍後坐；同時，右手回抽槍時前滑留出槍把段，槍頭稍高於槍把；目視前方（圖203）。

2）以左腳掌為軸，身體左轉，右腳隨即上步下蹲成馬步；同時，右手握杆由後向上、向前畫弧，使槍尖向上、向前畫弧劈平，左手握杆仍置於胸前；目視槍把（圖204）。

圖203

圖204

【提示】滑槍、上步劈把要連貫，劈槍把時，把要走立圓，力達把段。

13.單手平扎槍

1）左手向左上舉，右手滑至把端後左手握杆繼續向右下畫弧至胸前平屈，右手臂屈於左臂下，右手心朝體後，使槍尖向上、向右、向下畫弧至水平；目視槍尖（圖205）。

2）左手成掌向左側伸平，虎口一側朝上；同時，右手握把向右側伸出扎槍；目視槍尖（圖206）。

【提示】兩手臂上下畫弧時要貼身，兩手的滑把要及時、協調，單手扎槍要直。

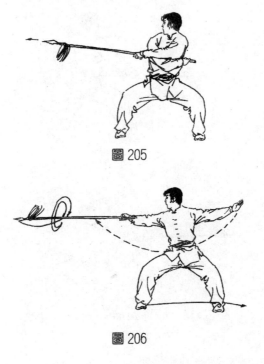

圖205

圖206

14.退步攔拿、左弓步平扎槍

1）身體右轉，右腳向左退步，屈膝下蹲成半馬步；同時，右手握把回抽於右腰側，左手接握槍杆後，右手握把向右肩前畫弧翻把，使槍尖向內、向上、向外下畫圈攔槍，緊接右手握把向腰處畫弧壓把，手心朝體後，使槍尖向外、向上、向內下畫圈拿槍；目視槍尖（圖207）。

2）右腳蹬地，身體左轉，左膝前弓成左弓步，同時，右手握把，向左手處伸出扎槍；目視槍尖（圖208）。

【提示】退步攔拿扎槍要連貫緊湊；扎槍時，須轉腰、送肩、槍平。

圖207

圖208

15.蓋把舞花、轉身拿扎槍

1）身體重心稍後坐，上體稍左轉；同時，右手握把回抽槍至右腰側後向槍杆中部滑握留出槍把，左手滑握至槍杆中部；目視槍尖（圖209）。

2）身體重心前移，上體左轉；同時，右手握槍隨體轉向上、向前畫弧，使槍把向上、向前畫弧蓋把，左手收於胸前；目視槍把（圖210）。

圖209

圖210

3）上體繼續左轉，右腳向前上一步；同時，右手握槍繼續向下、隨體轉向左、向上、向前畫立圓，左手隨之拉開；目視槍尖（圖211）。

4）上體右轉；同時，左手握槍向上、隨體轉向前下畫弧劈槍，右手收至左腋下；目視槍尖（圖212）。

5）上體繼續右轉；左手握槍繼續向下、向後畫弧；目視槍尖（圖213）。

圖211

圖212

圖213　　　　　　　　　圖214

6）左腳向左上一步，同時，左手握槍繼續向上、向左畫弧，使槍擺至水平，右手稍滑杆拉平；目視槍尖（圖214）。

7）以左腳掌為軸，身體繼續右後轉，右腳隨體轉於右側落步；同時，右手滑至槍把隨體轉上舉至右肩上方，左手握杆向下隨體轉上托至水平，手心朝上；目視槍尖（圖215）。

圖215

圖216

8）左腳向前上半步；同時，右手握把下落至右腰側，使槍尖向外、向上、向內下畫圈拿槍。緊接，上體左轉，左腿前弓成左弓步；同時，右手握把向左手處伸出扎槍；目視槍尖（圖216）。

【提示】蓋把槍時，力達把段；劈槍時，力達槍杆前段；舞花槍時，槍杆須貼身運行，轉身要充分。

16. 收　勢

1）上體右轉，身體重心後坐成半馬步；右手握把回抽於右腰側，左手滑握槍杆中部；目視槍尖（圖217）。

圖217

棍術、槍術入門與精進

2）兩腿直立；左手握杆稍上舉，使槍尖向上畫弧（圖218）。

3）右腿稍屈膝，左腳收至右腳前成高虛步，上體左轉；同時，右手握把稍向下、向前上畫弧，隨屈肘收至右肩前，左手握杆向上、向後下畫弧，使槍尖畫弧至體後左下方；目視左側（圖219）。

圖218

圖219

4）右手握把稍向右側拉開；同時，左手握杆擺至體左側，手心朝上，使槍杆斜橫於體前，槍尖朝下；目視槍尖（圖220）。

5）右腿直立，左腳收併於右腳旁；同時，右手握把下落至身體右側腰下，左手握杆向上托起，經頭至右側時下落，使槍杆垂直下落至槍把觸地時鬆手成掌下垂於體左側；目視前方（圖221）。

【提示】收勢動作要連貫自然；擺槍動步要配合協調；兩手的握杆、握把要張弛有度，使槍運行幅度大而靈活。

圖220

圖221

大展出版社有限公司
品冠文化出版社

圖書目錄

地址：台北市北投區(石牌)
致遠一路二段 12 巷 1 號
郵撥：01669551＜大展＞
19346241＜品冠＞
電話： (02) 28236031
28236033
28233123
傳真： (02) 28272069

·少 年 偵 探· 品冠編號 66

1.	怪盜二十面相	(精)	江戶川亂步著	特價	189 元
2.	少年偵探團	(精)	江戶川亂步著	特價	189 元
3.	妖怪博士	(精)	江戶川亂步著	特價	189 元
4.	大金塊	(精)	江戶川亂步著	特價	230 元
5.	青銅魔人	(精)	江戶川亂步著	特價	230 元
6.	地底魔術王	(精)	江戶川亂步著	特價	230 元
7.	透明怪人	(精)	江戶川亂步著	特價	230 元
8.	怪人四十面相	(精)	江戶川亂步著	特價	230 元
9.	宇宙怪人	(精)	江戶川亂步著	特價	230 元
10.	恐怖的鐵塔王國	(精)	江戶川亂步著	特價	230 元
11.	灰色巨人	(精)	江戶川亂步著	特價	230 元
12.	海底魔術師	(精)	江戶川亂步著	特價	230 元
13.	黃金豹	(精)	江戶川亂步著	特價	230 元
14.	魔法博士	(精)	江戶川亂步著	特價	230 元
15.	馬戲怪人	(精)	江戶川亂步著	特價	230 元
16.	魔人銅鑼	(精)	江戶川亂步著	特價	230 元
17.	魔法人偶	(精)	江戶川亂步著	特價	230 元
18.	奇面城的秘密	(精)	江戶川亂步著	特價	230 元
19.	夜光人	(精)	江戶川亂步著	特價	230 元
20.	塔上的魔術師	(精)	江戶川亂步著	特價	230 元
21.	鐵人Q	(精)	江戶川亂步著	特價	230 元
22.	假面恐怖王	(精)	江戶川亂步著	特價	230 元
23.	電人M	(精)	江戶川亂步著	特價	230 元
24.	二十面相的詛咒	(精)	江戶川亂步著	特價	230 元
25.	飛天二十面相	(精)	江戶川亂步著	特價	230 元
26.	黃金怪獸	(精)	江戶川亂步著	特價	230 元

·生 活 廣 場· 品冠編號 61

1.	366 天誕生星	李芳黛譯	280 元
2.	366 天誕生花與誕生石	李芳黛譯	280 元
3.	科學命相	淺野八郎著	220 元

1. 脂肪肝四季飲食	蕭守貴著	200 元
2. 高血壓四季飲食	秦玖剛著	200 元
3. 慢性腎炎四季飲食	魏從強著	200 元
4. 高脂血症四季飲食	薛輝著	200 元
5. 慢性胃炎四季飲食	馬秉祥著	200 元
6. 糖尿病四季飲食	王耀獻著	200 元
7. 癌症四季飲食	李忠著	200 元

·彩色圖解保健· 品冠編號 64

1. 瘦身	主婦之友社	300 元
2. 腰痛	主婦之友社	300 元
3. 肩膀痠痛	主婦之友社	300 元
4. 腰、膝、腳的疼痛	主婦之友社	300 元
5. 壓力、精神疲勞	主婦之友社	300 元
6. 眼睛疲勞、視力減退	主婦之友社	300 元

·心 想 事 成· 品冠編號 65

1. 魔法愛情點心	結城莫拉著	120 元
2. 可愛手工飾品	結城莫拉著	120 元
3. 可愛打扮 & 髮型	結城莫拉著	120 元
4. 撲克牌算命	結城莫拉著	120 元

·熱 門 新 知· 品冠編號 67

1. 圖解基因與 DNA	（精）	中原英臣 主編	230 元
2. 圖解人體的神奇	（精）	米山公啟 主編	230 元
3. 圖解腦與心的構造	（精）	永田和哉 主編	230 元
4. 圖解科學的神奇	（精）	鳥海光弘 主編	230 元
5. 圖解數學的神奇	（精）	柳谷晃 著	250 元
6. 圖解基因操作	（精）	海老原充 主編	230 元
7. 圖解後基因組	（精）	才園哲人 著	

·法律專欄連載· 大展編號 58

台大法學院　　法律學系／策劃
　　　　　　　　法律服務社／編著

1. 別讓您的權利睡著了(1)	200 元
2. 別讓您的權利睡著了(2)	200 元

·武 術 特 輯· 大展編號 10

1. 陳式太極拳入門	馮志強編著	180 元

46. <珍貴本>陳式太極拳精選　　　　　馮志強著　280元
47. 武當趙保太極拳小架　　　　　　　鄭悟清傳授　250元
48. 太極拳習練知識問答　　　　　　　邱丕相主編　220元
49. 八法拳 八法槍　　　　　　　　　　武世俊著　220元

・彩色圖解太極武術・ 大展編號102

1. 太極功夫扇　　　　　　　　　　　李德印編著　220元
2. 武當太極劍　　　　　　　　　　　李德印編著　220元
3. 楊式太極劍　　　　　　　　　　　李德印編著　220元
4. 楊式太極刀　　　　　　　　　　　王志遠著　220元

・名師出高徒・ 大展編號111

1. 武術基本功與基本動作　　　　　　劉玉萍編著　200元
2. 長拳入門與精進　　　　　　　　　吳彬 等著　220元
3. 劍術刀術入門與精進　　　　　　　楊柏龍等著　220元
4. 棍術、槍術入門與精進　　　　　　邱丕相編著　220元
5. 南拳入門與精進　　　　　　　　　朱瑞琪編著　220元
6. 散手入門與精進　　　　　　　　　張 山等著　220元
7. 太極拳入門與精進　　　　　　　　李德印編著　280元
8. 太極推手入門與精進　　　　　　　田金龍編著　220元

・實用武術技擊・ 大展編號112

1. 實用自衛拳法　　　　　　　　　　溫佐惠 著　250元
2. 搏擊術精選　　　　　　　　　　　陳清山等著　220元
3. 秘傳防身絕技　　　　　　　　　　程崑彬 著　230元
4. 振藩截拳道入門　　　　　　　　　陳琦平 著　220元
5. 實用擒拿法　　　　　　　　　　　韓建中 著　220元
6. 擒拿反擒拿88法　　　　　　　　　韓建中 著　250元
7. 武當秘門技擊術入門篇　　　　　　高 翔 著　250元
8. 武當秘門技擊術絕技篇　　　　　　高 翔 著　250元

・中國武術規定套路・ 大展編號113

1. 螳螂拳　　　　　　　　　　　　　中國武術系列　300元
2. 劈掛拳　　　　　　　　　　　　　規定套路編寫組　300元
3. 八極拳　　　　　　　　　　　　　國家體育總局　250元

・中華傳統武術・ 大展編號114

1. 中華古今兵械圖考　　　　　　　　裴錫榮 主編　280元
2. 武當劍　　　　　　　　　　　　　陳湘陵 編著　200元

| 8. | 周易與易圖 | 李　申著 | 250元 |
| 9. | 中國佛教與周易 | 王仲堯著 | 元 |

・神算大師・大展編號123

1.	劉伯溫神算兵法	應　涵編著	280元
2.	姜太公神算兵法	應　涵編著	280元
3.	鬼谷子神算兵法	應　涵編著	280元
4.	諸葛亮神算兵法	應　涵編著	280元

・秘傳占卜系列・大展編號14

1.	手相術	淺野八郎著	180元
2.	人相術	淺野八郎著	180元
3.	西洋占星術	淺野八郎著	180元
4.	中國神奇占卜	淺野八郎著	150元
5.	夢判斷	淺野八郎著	150元
6.	前世、來世占卜	淺野八郎著	150元
7.	法國式血型學	淺野八郎著	150元
8.	靈感、符咒學	淺野八郎著	150元
9.	紙牌占卜術	淺野八郎著	150元
10.	ESP 超能力占卜	淺野八郎著	150元
11.	猶太數的秘術	淺野八郎著	150元
12.	新心理測驗	淺野八郎著	160元
13.	塔羅牌預言秘法	淺野八郎著	200元

・趣味心理講座・大展編號15

1.	性格測驗（1）　探索男與女	淺野八郎著	140元
2.	性格測驗（2）　透視人心奧秘	淺野八郎著	140元
3.	性格測驗（3）　發現陌生的自己	淺野八郎著	140元
4.	性格測驗（4）　發現你的真面目	淺野八郎著	140元
5.	性格測驗（5）　讓你們吃驚	淺野八郎著	140元
6.	性格測驗（6）　洞穿心理盲點	淺野八郎著	140元
7.	性格測驗（7）　探索對方心理	淺野八郎著	140元
8.	性格測驗（8）　由吃認識自己	淺野八郎著	160元
9.	性格測驗（9）　戀愛知多少	淺野八郎著	160元
10.	性格測驗（10）由裝扮瞭解人心	淺野八郎著	160元
11.	性格測驗（11）敲開內心玄機	淺野八郎著	140元
12.	性格測驗（12）透視你的未來	淺野八郎著	160元
13.	血型與你的一生	淺野八郎著	160元
14.	趣味推理遊戲	淺野八郎著	160元
15.	行為語言解析	淺野八郎著	160元

42. 隨心所欲瘦身冥想法	原久子著	180 元
43. 胎兒革命	鈴木丈織著	180 元
44. NS 磁氣平衡法塑造窈窕奇蹟	古屋和江著	180 元
45. 享瘦從腳開始	山田陽子著	180 元
46. 小改變瘦 4 公斤	宮本裕子著	180 元
47. 軟管減肥瘦身	高橋輝男著	180 元
48. 海藻精神秘美容法	劉名揚編著	180 元
49. 肌膚保養與脫毛	鈴木真理著	180 元
50. 10 天減肥 3 公斤	彤雲編輯組	180 元
51. 穿出自己的品味	西村玲子著	280 元
52. 小孩髮型設計	李芳黛譯	250 元

·青 春 天 地· 大展編號 17

1. A 血型與星座	柯素娥編譯	160 元
2. B 血型與星座	柯素娥編譯	160 元
3. O 血型與星座	柯素娥編譯	160 元
4. AB 血型與星座	柯素娥編譯	120 元
5. 青春期性教室	呂貴嵐編譯	130 元
7. 難解數學破題	宋釗宜編譯	130 元
9. 小論文寫作秘訣	林顯茂編譯	120 元
11. 中學生野外遊戲	熊谷康編著	120 元
12. 恐怖極短篇	柯素娥編譯	130 元
13. 恐怖夜話	小毛驢編譯	130 元
14. 恐怖幽默短篇	小毛驢編譯	120 元
15. 黑色幽默短篇	小毛驢編譯	120 元
16. 靈異怪談	小毛驢編譯	130 元
17. 錯覺遊戲	小毛驢編著	130 元
18. 整人遊戲	小毛驢編著	150 元
19. 有趣的超常識	柯素娥編譯	130 元
20. 哦！原來如此	林慶旺編譯	130 元
21. 趣味競賽 100 種	劉名揚編譯	120 元
22. 數學謎題入門	宋釗宜編譯	150 元
23. 數學謎題解析	宋釗宜編譯	150 元
24. 透視男女心理	林慶旺編譯	120 元
25. 少女情懷的自白	李桂蘭編譯	120 元
26. 由兄弟姊妹看命運	李玉瓊編譯	130 元
27. 趣味的科學魔術	林慶旺編譯	150 元
28. 趣味的心理實驗室	李燕玲編譯	150 元
29. 愛與性心理測驗	小毛驢編譯	130 元
30. 刑案推理解謎	小毛驢編譯	180 元
31. 偵探常識推理	小毛驢編譯	180 元
32. 偵探常識解謎	小毛驢編譯	130 元
33. 偵探推理遊戲	小毛驢編譯	180 元

國家圖書館出版品預行編目資料

棍術、槍術入門與精進／邱丕相編著
——初版，——臺北市，大展，2002〔民91〕
面；21公分，——（名師出高徒；4）
ISBN 957-468-119-x（平裝）

1.武術——中國

528.974　　　　　　　　　　　90022069

北京人民體育出版社授權中文繁體字版

棍術、槍術入門與精進　　ISBN 957-468-119-x

編 著 者／邱 丕 相

責任編輯／趙 振 平

發 行 人／蔡 森 明

出 版 者／大展出版社有限公司

社　　址／台北市北投區（石牌）致遠一路2段12巷1號

電　　話／（02）28236031・28236033・28233123

傳　　眞／（02）28272069

郵政劃撥／01669551

E - mail／dah_jaan@pchome.com.tw

登 記 證／局版臺業字第2171號

承 印 者／高星印刷品行

裝　　訂／協億印製廠股份有限公司

排 版 者／弘益電腦排版有限公司

初版1刷／2002年（民91年）2月

初版2刷／2003年（民92年）6月

定　價／220元

大展好書　好書大展
品嘗好書　冠群可期

大展好書　好書大展
品嘗好書　冠群可期